CLASSIQUES EN POCHE

Collection
dirigée
par
Hélène Monsacré

Dans la même collection

1. Aristophane, *Lysistrata*.
2. Aristote, *Constitution d'Athènes*.
3. Cicéron, *L'Amitié*.
4. Platon, *Alcibiade*.
5. Suétone, *Vies des douze Césars, Claude ~ Néron*.
6. Plotin, *Première Ennéade*.
7. Eschyle, *Les Sept contre Thèbes*.
8. Platon, *Critias*.
9. Aristote, *La Poétique*.
10. Horace, *Odes*.
11. Pline l'Ancien, *Histoire Naturelle, XXXV, la Peinture*.
12. Virgile, *Bucoliques*.
13. Platon, *Ménexène*.
14. Tacite, *Vie d'Agricola ~ La Germanie*.
15. Platon, *Protagoras*.
16. Sophocle, *Antigone*.
17. Sénèque, *La Vie heureuse ~ La Providence*.
18. Cicéron, *Le Bien et le Mal, De finibus, III*.
19. Platon, *Gorgias*.
20. Hérodote, *L'Égypte, Histoires, II*.
21. César, *Guerre des Gaules, I-II*.
22. Ovide, *Les Amours*.
23. Plotin, *Deuxième Ennéade*.
24. Sophocle, *Œdipe Roi*.
25. Tite-Live, *Histoire romaine, I, La Fondation de Rome*.
26. Virgile, *Géorgiques*.
27. Pseudo-Sénèque, *Octavie*.
28. Catulle, *Poésies*.
29. Aristote, *Politique II*.
30. Aristophane, *Les Guêpes*.
31. Homère, *Iliade, chants I à VIII*.
32. Euripide, *Les Bacchantes*.
33. Plaute, *Pseudolus*.
34. Tertullien, *Apologétique*.
35. Homère, *Iliade, chants IX à XVI*.
36. Platon, *Phèdre*.
37. Homère, *Iliade, chants XVII à XXIV*.
38. Salluste, *La Conjuration de Catilina*.
39. Cicéron, *Pro Milone*.
40. Platon, *Lysis*.
41. Plotin, *Troisième Ennéade*.
42. Diogène Laërce, *Vie de Platon*.
43. Pline l'Ancien, *Histoire naturelle, XXXIII, Nature des métaux*.
44. Pétrone, *Satiricon*.
45. Apulée, *Apologie*.
46. Lucien, *Alexandre ou le faux prophète*.
47. Plutarque, *Les Vies parallèles. Alcibiade ~ Coriolan*.
48. Démosthène, *Sur la Couronne*.
49. Euripide, *Hécube*.
50. Mamertin, *Panégyriques de Maximien (289 et 291)*.
51. Platon, *Hippias mineur*.
52. Xénophon, *Anabase, I-II*.
53. Suétone, *Vies des douze Césars, Tibère ~ Caligula*.
54. Salluste, *La Guerre de Jugurtha*.
55. Eschyle, *Les Perses*.
56. Sophocle, *Ajax*.
57. Horace, *Satires*.
58. Homère, *Odyssée, chants I à VII*.
59. Homère, *Odyssée, chants VIII à XV*.
60. Homère, *Odyssée, chants XVI à XXIV*.
61. Juvénal, *Satires*.
62. Cicéron, *De la vieillesse (Caton l'Ancien)*.
63. Julien, *Misopogon*.
64. Aristote, *Économique*.
65. Pline l'Ancien, *Histoire naturelle,* XXX, *Magie et pharmacopée*.
66. Platon, *Apologie de Socrate*.
67. Eschyle, *Les Suppliantes*.

JULIEN

MISOPOGON

Texte établi et traduit par Ch. Lacombrade
Introduction, notes par Aude de Saint-Loup

Deuxième tirage

LES BELLES LETTRES

2010

Dans la même collection (suite)

68. Christopher Marlowe, *La Tragique Histoire du Docteur Faust.*
69. *La Bhagavad-Gîtâ.*
70. Ben Jonson, *Volpone ou le Renard.*
71. William Shakespeare, *Richard II.*
72. William Shakespeare, *Les Joyeuses Commères de Windsor.*
73. Pierre Gassendi, *Vie et mœurs d'Épicure*, vol. I.
74. Pierre Gassendi, *Vie et mœurs d'Épicure*, vol. II.
75. John Marston, *La Tragédie de Sophonisbe.*
76. John Webster, *La Duchesse d'Amalfi.*
77. Jean Second, *Les Baisers* - Michel Marulle, *Épigrammes.*
78. Plutarque, *Sur les oracles de la Pythie.*
79. Euripide, *Hélène.*
80. Hérodote, *Marathon, Histoires, VI.*
81. Sénèque, *Lettres à Lucilius, livres III et IV.*
82. Apulée, *Les Métamorphoses ou l'Âne d'or*
83. Suétone, *Vies des douze Césars, César ~ Auguste*
84. Aristophane, *Ploutos*
85. Plutarque, *Érotikos. Dialogue sur l'amour*
86. Xénophon, *Économique*
87. Julien, *Lettres*
88. Hésiode, *Théogonie*
89. Lucien, *Portraits de philosophes*
90. Lucien, *Voyages extraordinaires*
91. Aristophane, *Nuées*
92. Théocrite, *Idylles*
93. Ovide, *Les Métamorphoses*
94. Mullâ Sadrâ Shîrâzî, *Le verset de la lumière. Commentaire*
95. Thucydide, *La Guerre du Péloponnèse*, livres I, II
96. Thucydide, *La Guerre du Péloponnèse*, livres III, IV, V
97. Thucydide, *La Guerre du Péloponnèse*, livres VI, VII, VIII
98. Cicéron, *Pour Sextus Roscius*
99. Lucrèce, *De la nature*, livres I-VI
100. Platon, *Le Banquet*

Ce texte et la traduction sont repris du volume correspondant dans la Collection des Universités de France (C.U.F.), toujours disponible avec apparat critique et scientifique.
(Julien, tome II, 2e partie, Discours de Julien Empereur *(X-XII), 2e tirage, 2003)*

95 bd Raspail 75006 Paris.
www.lesbelleslettres.com

Premier tirage 2003

ISBN : 978-2-251-79970-4

Introduction

par Aude de Saint-Loup

Texte rare, l'un des plus prisés des amateurs d'Antiquité et des nostalgiques de tout « poil », le *Misopogon* (« l'ennemi de la barbe ») ne ressemble à aucun écrit officiel jamais produit sous plume impériale. Comme son auteur, à la personnalité « souvent attachante[1] », il a très vite inspiré de nombreux commentaires, plus ou moins heureux à toutes époques.

De grands érudits, tels que J. Bidez dès 1930, A.-J. Festugière en 1959, Chr. Lacombrade en 1964, ou encore J. Bouffartigue en 1978[2], ont livré la plupart des clefs de cette autobiographie rageuse, avec une perception psychologique et une simplicité d'exposition qui n'ont pas toujours fait école chez leurs contemporains et leurs successeurs.

Tout de premier mouvement, comme Julien reconnaît parfois fonctionner[3], empreint des imperfections et des paradoxes d'une écriture impulsive, le texte fut rédigé avant le départ précipité de l'empereur pour Tarse, à la fin de février 363.

1. Cl. Lepelley, article « Julien l'Apostat », in *Encyclopedia Universalis*, 1980, vol. 9, p. 557.
2. Voir la bibliographie en annexe.
3. « J'ai cédé à mon premier mouvement », *Misopogon*, 36.

Voilà sept mois que Julien réside à Antioche[4], ville phare de son parcours impérial, où devaient se concrétiser ses aspirations personnelles et politiques. Sous le coup de la déconvenue, amorcée par l'incendie du temple de Daphné et renforcée par les railleries des Antiochéens à l'égard de sa personne, Julien se livre à nu au point de révéler sa vulnérabilité et son échec. Répondant d'abord aux brocards de la population, il s'efforce de cultiver l'ironie sous forme d'autocritique ponctuée d'antiphrases. Ce sont bien les travers des Antiochéens qu'il dénonce, sans les comprendre toujours, si bien que sa déception n'en apparaît que plus grande et sa saturation totale. De ce fait, ses mots n'ont rien perdu de leur vibration au travers des siècles, d'une résonance plus vivante que *Les Pensées* si contrôlées de l'un de ses modèles, Marc Aurèle… Voilà l'homme, formidablement présent, avec ses affects offerts en pâture, ses flashbacks biographiques réels ou idéalisés, pour notre délectation et pour la meilleure des immortalités. Pas le moindre champignon moisissant ici ou de solennelle sécheresse parcheminée, mais « un coup de gueule » intemporel.

Julien n'est pas le premier empereur à écrire. Cette activité était cependant largement passée de mode chez les Illyriens du Bas-Empire. Et quand bien même, aucun dirigeant ne se serait aventuré à s'exposer de la sorte, hors des conventions d'écriture du temps[5]. Loin d'une introspection à la manière d'un Cicéron, Julien n'analyse pas ses sentiments tout en multipliant les « pourquoi tant de haine ? ». Le faisait-il davantage dans le *Bibliodion*, son journal intime disparu ? Quoi qu'il en soit, il reste un homme pour qui l'écriture est acte et incarnation, non pas le verbe mais le mot incarné. Il n'est pas non plus le philosophe qu'il aurait tant aimé devenir si les circonstances l'y avaient autorisé. Une fois les choses dites à lui-même plus

4. *Ibid.*, 10.

5. Même si, d'après J. Bidez, « mieux que la correspondance de n'importe lequel de ses contemporains, mieux que celle de Synésius, de Jérôme et d'Augustin lui-même, les lettres de Julien nous rappellent que son siècle fut l'âge d'or de l'autobiographie », *Lettres et fragments*, p. VI de la préface.

qu'aux Antiochéens, à qui le texte s'adresse malgré tout, il conclut en fin de non-recevoir par sa fuite à Tarse et vers sa fin.

L'écrit fit naître Julien au monde, l'aidant à dépasser l'hostilité assassine et carcérale de sa jeunesse. Il se solde ici par le constat quasi testamentaire de son échec à vivre dans le monde tel qu'il est, et non tel qu'il le rêvait, dont les livres seuls ne lui donnèrent pas le mode d'emploi. « [...] Je n'ai pas compris au premier abord ce qu'étaient les mœurs de cette cité. Et pourtant, j'en suis convaincu, parmi tous les gens de mon âge, j'ai lu plus de livres que quiconque. » (*Misopogon*, § 16.)

Les multiples références dont Julien émaille son discours ont été conservées en notes pour mieux rendre compte de l'impact de ses lectures. Il est redevable de cette méthode à son cher Mardonios, qui fut initialement pédagogue de sa mère, et en qui se prolonge un lien affectif évident. Celui-ci le renvoyait régulièrement aux grands classiques grecs pour le détourner des futiles réalités (*Misopogon*, § 21). Elles rendent compte également d'une pensée en quête de cautions, pas si sûre d'elle, comme si la seule expérience vécue demeurait trop confuse ou prosaïque pour la nourrir.

Finement, G. W. Bowersock note que l'écriture est pour Julien un moyen qu'il maîtrise et privilégie, lui permettant d'agir en le dispensant d'aller plus loin dans ses relations personnelles à autrui[6]. Oui, Julien privilégie l'écriture, il en a régulièrement les doigts noircis[7] et il y consacre beaucoup de temps, la nuit en particulier. Mais il n'est pas si évident qu'il la maîtrise au sens où il en aurait fait un outil toujours contrôlé, dont il aurait dominé sciemment les effets. De ce point de vue, le *Misopogon* est tout ce que l'on veut sauf maîtrisé. Dans sa forme même, le discours n'est pas construit, c'est un « lâché » irrépressible contenant des redites, des retours en arrière et des confusions parfois. La remarque de G. W. Bowersock se comprend mieux si l'on ajoute que Julien est plus mauvais lors-

6. In G. W. Bowersock, *Julian the Apostate*, p. 102.

7. « Mes doigts, à force de tenir la plume, sont le plus souvent noirs », *Misopogon*, 3.

qu'il s'exprime oralement, en dehors de circonstances orchestrées telles les exhortations aux soldats, et encore... Des portraits transmis par Grégoire de Naziance, Ammien Marcellin et Libanios[8], ces deux derniers ne pouvant être taxés de partialité, il ressort que Julien était un grand nerveux, à la faconde intarissable et souvent pédante. Ce qui lui valut d'être surnommé *loquax talpa*, la « taupe bavarde ». Or plus on parle, moins on écoute.

Un rescapé en sursis

Conséquence d'une jeunesse traumatisée et solitaire, Julien s'est construit en établissant ses repères au monde grâce à la lecture et à une écriture personnelle. Il s'en explique pour la première fois dans sa lettre *Au sénat et au peuple d'Athènes*[9], où il confie ses malheurs. Il commence par déclarer Constance II officiellement responsable du massacre de son père, de son frère aîné, d'un oncle et d'autres membres de sa famille à Constantinople, quand il avait à peine sept ans.

La raison de cette tragédie ? Une lignée encombrante, car plus légitime du fait de sa descendance directe de l'empereur Constance Chlore (293-306) et de son épouse officielle Théodora, également fille de l'empereur Maximien (286-306), second auguste de la tétrarchie dioclétienne. Elle portait ombrage à Constance II, issu des couches plus contestables, par Constantin Ier (306-337), du même Constance Chlore et de sa concubine Hélène, fille d'auberge dévorée d'ambition et propulsée plus tard au pouvoir par son fils Constantin Ier[10]. À l'instar de sa grand-mère paternelle, Constance II ne faisait pas dans le détail, éliminant petit et grand frères pour s'octroyer l'intégralité du pouvoir, après s'être débarrassé de son oncle et de ses cousins en un sombre mois de septembre 337...

8. Voir en annexe.
9. J. Bidez (éd.), voir la bibliographie, p. 216 et suiv.
10. Voir la chronologie en annexe, p. 83.

Julien en réchappa, ainsi que son demi-frère Gallus, son aîné de cinq ans alors malade, au prix de l'exil :

> [...] enfermés dans l'une des campagnes de la Cappadoce, sans que l'on permît à personne de s'approcher de nous, après avoir rappelé mon frère de son exil, après m'avoir arraché moi-même, tout jeune enfant encore, à mes premières leçons. Comment décrire ici les six années que nous passâmes dans une propriété étrangère comme ceux qui, chez les Perses, sont internés dans des forteresses ? Aucun étranger ne pouvait nous aborder ; nos anciennes connaissances se voyaient refuser l'autorisation de nous visiter : nous vivions sevrés de toute étude sérieuse, de tout libre entretien, élevés au milieu d'une brillante domesticité, et partageant nos exercices avec nos propres esclaves comme avec des camarades. Car aucun compagnon de notre âge ne s'approchait de nous : c'était interdit[11] !

Gallus fut victime de cette réclusion abrutissante tandis que Julien s'en défendit par l'étude autodidacte des philosophes, dont il se procurait les ouvrages dans la bibliothèque de Georges de Cappadoce, à l'insu de ce dernier. Il vécut dans cet enfermement, entre sa treizième et sa dix-neuvième année, à Macellum, forteresse impériale isolée, près de Césarée ; nul doute que l'adolescent en ait été profondément marqué. L'éducation imposée par Constance devait le conduire à la cléricature ; Gallus et lui-même étaient alors déjà lecteurs.

Suivit une nouvelle tragédie : l'exécution sans procès de Gallus, promu César dans l'urgence en 351 et déchu en 354, qui « méritait au moins de vivre, s'il paraissait incapable de régner ». Soupçonné d'être son complice, Julien fut convoqué à Milan et « traîné çà et là, pendant sept mois entiers, sous bonne garde ». Il fut finalement sauvé grâce à l'intervention de l'impératrice Eusébie : « Je m'empressai de me rendre dans ce qui

11. *Au Sénat et au peuple d'Athènes*, 3, J. Bidez (éd.), p. 216.

avait été le foyer de ma mère. Car rien ne m'appartenait de l'héritage paternel [...]. L'excellent Constance avait hérité à ma place de tout mon patrimoine.» Il obtint également de séjourner à Athènes durant l'été 355.

Après un bref et bienfaisant retour en Bithynie puis un périple en Asie Mineure (351-354), où Julien restait cependant sous surveillance, ce ne furent qu'intrigues de palais et dangers latents, surtout lorsque Constance décida de nommer Julien César à son tour, le 6 novembre 355, lors du soulèvement de l'usurpateur Silvanius. Il convoqua de nouveau Julien à Milan pour le présenter à l'armée.

> [...] On me décore du nom et du manteau de César. Véritable servitude: menace de mort chaque jour suspendue sur ma tête, et quelle sorte de menace, grands dieux! Portes verrouillées, geôliers, mains de mes domestiques surveillées, afin qu'il ne me parvienne aucun billet de mes amis; serviteurs étrangers [...]. J'étais devenu si craintif et si poltron à cet égard que, beaucoup de mes amis voulant me rendre visite, je les en empêchai, malgré mon désir de les voir. Je craignais de leur causer des malheurs à eux aussi bien qu'à moi-même[12].

À la fin du mois, il partit en Gaule avec trois cent soixante soldats. « C'était moins pour y commander que pour obéir aux généraux présents dans le pays. Ils avaient l'ordre écrit et l'injonction formelle de tenir l'œil sur moi plus encore que sur l'ennemi » ; puis, averti des succès remportés sur les Barbares, Constance « commença par (l')entourer de gens de la pire espèce », liés à d'« insignes sycophantes », etc.

12 *Ibid.*, 7, p. 223.

La quête

En dépit de ces difficultés, Julien parvint à nouer des relations confiantes, voire affectueuses, dont il témoigne par ses lettres ou dans des discours comme celui qu'il dédie à Salluste, rappelé de Gaule par Constance pour le séparer de lui.

Alors qu'il est encore César, il n'hésite pas à offrir la villa dont il avait hérité de sa grand-mère maternelle, ce lieu de Chalcédoine en Bithynie qui l'avait consolé, lui l'orphelin, quand il y passait ses vacances. Il accompagne ce touchant cadeau d'une lettre d'amitié qui lui est l'occasion de se remémorer une parenthèse heureuse de sa vie :

> À Evagrius, rhéteur
>
> J'ai un petit domaine de quatre terres, que ma grand-mère m'a donné en Bithynie. J'en fais présent à ton amitié. C'est trop peu pour procurer à un homme les avantages de l'abondance et le faste de la richesse, mais tu verras que ce don est loin de manquer d'agrément, si je te le décris dans le détail. Rien n'empêche un badinage littéraire avec toi, que les Grâces et les Muses ont comblé. Cette campagne se trouve à peine à vingt stades[13] de la mer, et l'on n'y est point importuné par le marchand ou le matelot bavard et insolent. Pourtant l'endroit n'est pas privé tout à fait des faveurs de Nérée : on y trouve toujours du poisson frais et palpitant, et si, sortant de la maison, tu montes sur un certain tertre, tu apercevras la mer Propontide, ses îles, et la ville qui porte le nom du grand empereur. Tu ne marcheras pas sur des algues et des mousses ; tu ne seras pas incommodé par ces détritus repoussants et innommables que la mer rejette sur le sable de ses grèves ; tu ne fouleras que le smilax, le thym et des gazons odoriférants. Tu trouveras un calme profond, si

13. Environ 3,5 kilomètres.

tu veux t'y coucher en parcourant un livre ; puis, pour reposer tes yeux, rien de plus agréable que le spectacle des vaisseaux et de la mer. Lorsque j'étais tout jeune, ce séjour d'été me semblait délicieux : il a des eaux excellentes, un bain charmant, un jardin et des arbres. Homme fait, je demeurai épris de ce vieil asile du passé : j'y revins souvent, et jamais il ne me revit sans que je fisse leur part aux lettres dans mes loisirs.

Il y a là aussi un modeste souvenir de mon jardinage : une petite vigne donnant un vin parfumé, suave, et qui n'attend pas que le temps lui apporte les dons de Dionysos et des Grâces. Au contraire, la grappe, encore sur le cep ou écrasée au pressoir, exhale déjà l'odeur des roses, et le jus, à peine dans les jarres, est « un extrait du nectar » si l'on en croit Homère… Pourquoi n'y en a-t-il pas plus ? pourquoi pas de nombreux plèthres [14] d'une pareille vigne ? Peut-être n'étais-je pas un jardinier assez zélé. Comme, chez moi, le cratère de Dionysos est tempérant et réclame en abondance l'eau des Nymphes, je n'ai fait produire de vin qu'autant qu'il en fallait pour moi et pour mes amis, et cette sorte d'hommes est rare. Tel est donc le présent que je te fais, tête chérie : mince en soi, mais bienvenu de l'ami à l'ami et « de la famille à la famille », pour parler comme Pindare le sage poète.

J'écris cette lettre en courant, à la lueur d'une lampe, de sorte que, s'il s'y trouve quelques fautes, ne t'en fais point le critique acerbe, comme de rhéteur à rhéteur [15].

Julien s'ouvre chaleureusement au destinataire de la lettre, qui pouvait à son tour lui répondre, comme le faisaient d'autres correspondants sollicités dans un dialogue différé.

14. Un plèthre = 8 ares.

15. *Lettre* 4, J. Bidez (éd.), Paris, Les Belles Lettres, C.U.F., 3e éd., 1972, pp. 12-14.

Le mot crée une distance, dit-on. Pour Julien, ce serait plutôt le corps qui met – et qu'il met – à distance, tant il paraît le contrôler difficilement lors de rencontres, en raison de l'agitation nerveuse à laquelle il est sujet, alors que le mot libère son esprit et son cœur. Ainsi compense-t-il sa frustration à ne pouvoir vivre et échanger de manière plus ordinaire.

Si on le découvre sensuel dans cette lettre, goûtant aux plaisirs contemplatifs et champêtres, on le perçoit la plupart du temps mal à l'aise dans ce corps qu'il discipline rudement par la pratique d'un ascétisme alimentaire et sexuel, en dormant à la dure. Peu d'exagérations dans le *Misopogon* sur ce plan ; les faits sont confirmés par ceux qui l'ont connu. « Il avoyt l'ame si tendue à ce qu'il vouloit, et si peu empeschée de fumées par sa singulière abstinence[16] », commentera plus tard Montaigne... Cette tension entretenue le prédispose non seulement à travailler vite et beaucoup, mais aussi à s'exalter intellectuellement et spirituellement.

La passion est en lui, semée depuis les quelques moments heureux de son enfance, lorsqu'il était en Bithynie auprès de l'austère Mardonios, un lieu et un être qui l'unissaient encore à sa mère trop tôt disparue. L'amour des classiques ne le quitta plus, imprégné des rêveries d'enfant solitaire du haut de son tertre odoriférant, face à Constantinople. Il révèle ses premières expériences mystiques au début de *Sur Hélios-roi* (130 c-d) :

> J'ai été pénétré, dès mon enfance, d'un amour passionné pour les rayons de ce dieu (Hélios). Vers sa lumière éthérée j'élevais, dès mon plus jeune âge, si complètement ma pensée que je n'aspirais pas seulement à fixer mes regards sur elle, mais que, même au cours de mes sorties nocturnes sous la pure clarté d'un ciel sans nuage, indifférent à tout autre objet, je n'avais d'attention que pour les merveilles des cieux, sans plus entendre ce qu'on me disait, sans prendre garde à ce

16. *Essais*, IIe livre, A. Micha (éd.), Paris, Garnier Flammarion, 1969, vol. 2, p. 332.

> que je faisais moi-même. Je passais pour apporter à tout cela un intérêt excessif, voire indiscret[17] [...].

Dans de telles dispositions, Julien n'accorda aucune importance au paraître en vogue et aux mondanités. La mignardise des Antiochéens, qu'il caricature à peine dans le *Misopogon*, lui était insupportable. Il en était de même du faste de cour. Voici ce qu'il endura lorsqu'il lui fallut se présenter devant Constance, dans le respect de l'étiquette, à l'automne 355 :

> J'obtins mes entrées à la cour et l'on me fit subir la violence qui s'appelle la persuasion forcée des Thessaliens. En effet, tandis que je refusais toute intimité dans le palais, eux (les eunuques de service), s'assemblant comme dans une boutique de barbier, me rasent la barbe, me revêtent d'une chlamyde et me donnent l'aspect – ils en jugeaient ainsi alors – d'un soldat bien ridicule. Aucune des élégances de ces êtres immondes ne pouvait me convenir : je ne marchais pas comme eux, promenant partout mes regards et me pavanant ; je regardais la terre, suivant l'habitude que m'en avait donné le pédagogue qui m'éleva. Alors, je leur prêtai à rire[18][...].

Dès qu'il le put, Julien s'entoura de quelques hommes qu'il estimait et en qui il remit sa confiance ; certains alliés de la première heure comptent parmi les sept mentionnés dans le *Misopogon* (§ 25). Ce furent d'abord ses collaborateurs de travail et ses conseillers, indispensables à l'œuvre en marche. Puis, quand il fut confirmé dans sa fonction impériale à Constantinople, d'autres le rejoignirent, comme Maxime d'Éphèse, qui prit sur lui un ascendant préjudiciable, le fascinant par son savoir théurgique. C'est probablement lui qui est désigné dans le *Misopogon* comme le « terrible vieillard » (§ 24).

17. *Sur Hélios-Roi*, in *Discours de Julien Empereur*, Chr. Lacombrade (éd.), Paris, Les Belles Lettres, C.U.F., 1964, pp. 100-101.
18. *Au Sénat et au peuple d'Athènes*, 5, *op. cit.*, p. 220.

À dire vrai, Julien ne se dominait pas plus dans les relations de proximité que dans les échanges écrits, son impulsivité étant constante. Il le savait, et ses proches également, qui composaient avec. Il préférait cependant l'écrit, freinant l'emballement de sa pensée à coups de citations, comme un alpiniste fixant des pitons à la paroi.

Entre action et compromission

Élevé dans la défiance, il s'est efforcé, nous l'avons vu, de cacher ce qu'il croyait et ce qu'il pensait[19] sans y parvenir toujours. « Julien, à l'occasion, savait se dominer et séduire, mais sa vivacité naturelle lui rendait la contrainte difficile. Ni la dissimulation, ni la retenue, ni le tact n'étaient dans son caractère », écrit J. Bidez[20].

On ne peut imputer à l'enfant pas plus qu'à l'adolescent une duplicité volontaire; son jeune âge, la peur comme le manque de liberté le rendaient obéissant aux consignes de son terrible cousin l'empereur. Il fut formé en jeune chrétien, baptisé tôt pour l'époque puisqu'il était déjà lecteur à Macellum. Sa position de César ensuite, il le savait de triste expérience, ne lui assurerait pas davantage la sécurité.

Pourtant, il gardait un « usage très personnel de l'écriture jusque dans les textes de circonstances comme les panégyriques. [...]. Il est peu d'exemples dans l'Antiquité d'une œuvre aussi pleine de son auteur[21] ». Pour qui sait lire en filigrane, Julien déborde le politiquement correct de son temps dès ses premiers écrits, notamment en matière religieuse.

19. « Il feignit d'être chrétien et presque imbécile pour sauver sa vie », affirme Voltaire, un inconditionnel de Julien, in *Examen important de Milord Bolingbroke* ou *Le Tombeau du fanatisme*, ch. XXXII, in *Œuvres complètes de Voltaire*, Paris, Firmin-Didot, t. 6, 1875, p. 206.

20. Notice de *Constance* ou *De la Royauté*, in *Discours de Julien César*, J. Bidez (éd.), Paris, Les Belles Lettres, C.U.F., 1932, p. 115.

21. J. Bouffartigue, « Julien par Julien », in *De l'histoire à la légende*, *op. cit.*, p. 16.

Naturellement, il ne pensait pas ce qu'il écrivait au sujet de Constance dans ses deux premiers panégyriques, n'ayant jamais douté de sa responsabilité dans le massacre familial. À ceux qui accusent Julien d'hypocrisie pour ces pages remplies de flatteries, J. Bidez répond avec indulgence que la douceur et la bonté attribuées à l'empereur en titre étaient en réalité des souhaits. Ces déclarations officielles avaient surtout pour objectif de permettre à Julien de succéder à Constance suivant les règles, quels que soient leurs contentieux personnels. Car Julien nourrissait bien l'ambition du pouvoir.

Il s'appliqua donc à gouverner en bon César, lui qui n'avait pas été préparé à cette tâche, tout comme Marc Aurèle, l'un de ses empereurs fétiches. Lancé dans l'aventure à vingt-quatre ans, il s'affirma bientôt homme d'action et homme d'État. Travaillant beaucoup, tout en menant de front diverses expéditions militaires, il mit sur pied un programme de réformes tous azimuts, restaurant la situation politique et économique en Gaule, avec une assurance croissante. Il sut s'adapter et se faire apprécier. Il prit goût au plaisir des premières victoires et des ovations populaires. Pourtant, bien éloigné de son idéal hellène, contraint de s'exprimer en latin au risque de perdre l'usage du grec et disposant sans doute de peu d'interlocuteurs pour partager son questionnement philosophique, il se dit cependant satisfait du compagnonnage avec les soldats de Gaule, dans la simplicité rustique à laquelle les contraignaient l'action militaire et le contexte de ces régions « barbares ». Son inclination religieuse restait discrète, mais c'est sans doute à ce moment-là qu'il fut initié au culte de Mithra, vivace dans l'armée occidentale.

Malgré les panégyriques, ses succès jouèrent en sa défaveur auprès de Constance qui voyait poindre le rival. Et, puisque les Perses menaçaient à nouveau l'Empire dans sa partie orientale, Constance réclama les meilleures troupes de Julien, mettant en péril la Gaule à peine remise des dernières incursions barbares. Les événements s'accélérèrent : Julien se fit proclamer Auguste dans un *pronunciamiento* à la gauloise ; Constance agita les Alamans contre lui, l'obligeant à se remettre en campagne. Ce qu'il fit, mais en poursuivant vers l'Est pour affronter Constance. Occupant Sirmium, en Pannonie, il y rédigea la lettre *Au Sénat et au peuple d'Athènes*, en même temps que d'autres missives expédiées à différentes cités pour les rallier. Dans ce contexte de guerre civile, Julien ne pouvait prévoir que Constance mourrait en route, le désignant officiellement comme son héritier avant de quitter la scène. Or, la manière dont il avait dénigré Constance en avait choqué plus d'un, notamment les sénateurs de Rome, ce qui compromettait sa stratégie de la légitimité. Il rattrapa partiellement l'affaire en organisant des funérailles officielles à l'empereur défunt.

La détermination religieuse

Julien ne pouvait croire aux vertus chrétiennes défendues par la dynastie constantinienne maculée du sang de ses victimes. Les pédagogues chrétiens chargés de son éducation ne lui inspirèrent pas davantage le respect. Hékébolios, dont il fut l'élève à Constantinople entre 342 et 344, était passé maître dans le retournement de veste religieuse, et Georges de Cappadoce, à Macellum, n'avait de raffiné que sa bibliothèque. Cette fameuse bibliothèque contenait les œuvres d'auteurs chrétiens, mais aussi païens, qui alimentèrent les premières argumentations critiques de Julien à l'encontre du christianisme.

Sur le fond, il reprochait aux chrétiens leur inculture : en effet, la religion chrétienne s'était affranchie de la tradition, qu'elle soit gréco-romaine ou juive.

> Je fuis l'innovation en toutes choses, je puis le dire, et spécialement en ce qui concerne les dieux. Je pense qu'il faut s'en tenir aux lois que nos pères ont eues dès l'origine et qui, manifestement, sont un don des dieux. Elles ne seraient pas si bonnes, si elles étaient simplement l'œuvre des hommes. Mais puisqu'on en est arrivé à négliger et à altérer ces lois pour se laisser dominer par les richesses et par la mollesse, il faut, à

mon avis, se mettre à l'œuvre comme si tout était à refaire[22].

Il reprend à son compte les toutes premières attaques concernant l'adoration d'un homme, prétendu fils de dieu, mort ignominieusement crucifié comme un esclave. Il s'indigne du pardon généralisé, trop sensible à la mission de justice. Dans *Les Césars*, il imagine Constantin Ier, rejoignant la Mollesse et la Débauche :

> Ainsi put-il aussi trouver Jésus qui hantait ces lieux et criait à tout venant :
>
> « Que tout séducteur, tout homicide, tout homme frappé de malédiction et d'infamie se présente en confiance. En le baignant à l'eau que voici, je le rendrai pur aussitôt, et s'il retombe dans les mêmes fautes, lorsqu'il se sera battu la poitrine et frappé la tête, je lui accorderai de redevenir pur. »
>
> Ravi de cette rencontre, Constantin emmena ses enfants hors de l'assemblée des dieux. Mais ils furent traqués, lui comme eux, par les démons de la vengeance, non seulement à cause de leur athéisme, mais encore pour expier le sang de leurs proches[23] [...].

Il souligne dans le *Misopogon* (§ 35) le rôle néfaste des femmes dans le développement de cette religion :

> Chacun de vous permet à son épouse d'apporter aux Galiléens tous les biens du foyer, et ces femmes, en entretenant les pauvres à vos frais, suscitent une grande admiration pour l'athéisme chez ceux qui ont besoin des secours de cet ordre, la classe la plus nombreuse de la société [...].

22. *Lettre* 89, *op. cit.*, 453 b-c, 1972, pp. 153-154.
23. *Les Césars*, in *Discours de Julien Empereur*, *op. cit.*, 38, p. 71.

Sur fond de misogynie (§ 27) :

> [...] Vous avez commencé par autoriser vos épouses à se gouverner elles-mêmes [...], vous leur avez abandonné l'éducation des tout-petits [...]. Elles les engagent à révérer ce qu'elles révèrent elles-mêmes, et cela par la voie du plaisir, en quoi réside, bien sûr, le bonheur suprême, la chose appréciée entre toutes non seulement des hommes, mais aussi des animaux.

Enfin, le culte des martyrs, des reliques et de la mort le révolte. René Braun de conclure : « L'un des blocages de Julien par rapport au christianisme venait sans doute de son refus de la déchéance humaine, de sa foi en l'effort de raison et dans le désir d'une communication sans intermédiaire avec le divin[24]. »

La philosophie et la théurgie néoplatoniciennes, panachées par ses soins, répondront à ses attentes. De retour à Nicomédie en 351, Julien y fit la connaissance de Libanios, un rhéteur païen pondéré, avec qui il entretiendra des relations épistolaires avant de le retrouver à Antioche. Parallèlement, il étudia, mais en secret, le néoplatonisme dans la version de Jamblique, un gnostique illuminé disciple du sage Porphyre qui l'avait initié aux leçons de Plotin, fondateur du courant. Demeurant un an à Pergame, Julien logea chez Oribase (son futur médecin, présent lors de ses derniers instants en Perse), où il croisa Edésius, élève de Jamblique. Il obtint sous le manteau des notes prises au cours des leçons dispensées par ce maître, qui compta parmi son auditoire Priscus, Maxime d'Éphèse et ses frères. Il entra ensuite en contact avec Maxime d'Éphèse, « charlatan séducteur[25] », et Priscus, qui tous deux encouragèrent sa tendance au fanatisme.

24. « Julien et le christianisme », in *Julien l'Empereur. De l'Histoire à la légende*, p. 187.

25. Pierre de Labriolle, *La Réaction païenne*, Paris, L'Artisan du Livre, 1950, p. 381.

Julien officialisa relativement tôt sa dévotion privilégiée au dieu du Soleil, jusque dans le *Misopogon* (§ 34), perpétuant ainsi une tradition familiale – son grand-père tétrarque, Constance Chlore, étant adepte du culte solaire. Mais on ne trouve pas trace directe d'initiations au culte mithriaque ou aux mystères d'Éleusis dans ses écrits, bien que la plupart des historiens soient assurés qu'elles aient eu lieu... Nombreuses, en revanche, sont les allusions aux oracles, à la divination et à l'interprétation des songes. Libanios confirme combien Julien était superstitieux, et Ammien, pourtant versé lui aussi dans la divination, déplore les excès de l'empereur dans la dernière période de son règne. Autant Julien le philosophe prône un monothéisme classique, autant Julien le religieux plonge dans un paganisme foisonnant, de type oriental, qu'il improvise d'ailleurs en partie pour trouver réponse à son « besoin affectif d'une communication personnelle avec les dieux[26] ».

L'Empereur à l'œuvre

Une fois installé à Constantinople, Julien décide d'éliminer les proches de Constance sans perdre de temps et les fait condamner par le tribunal de Chalcédoine, inaugurant son gouvernement de despote. Dans la foulée, il chasse la plus grande partie du personnel de cour, notamment les eunuques.

Il poursuit un programme de réformes, en gestation dès son césarat, mais auquel il peut désormais donner toute l'ampleur souhaitée. Sujet à une forme d'*hubris*, « Julien, tout exalté par ses succès, avait maintenant des espoirs surhumains », dit Ammien[27]. Il s'engage pourtant à contre-courant, dans un siècle où le clientélisme était généralisé : il diminue fortement le nombre des fonctionnaires, met sous surveillance les nouveaux responsables de justice et de la perception, sommés

26. J.-C. Foussard, « Julien philosophe », in *Julien l'Empereur. De l'Histoire à la légende*, p. 212.

27. *Histoires*, XXII, 9, 9, p. 117.

de rendre régulièrement des comptes, diminue les impôts et les dépenses. Il veut renforcer l'autonomie des cités en les dispensant des arriérés de dettes ainsi que de l'or coronaire, qui devient volontaire et non obligatoire, et leur restitue des terres confisquées dès Constantin. Mais la redistribution échappe à son contrôle. Il impose la fonction curiale héréditaire aux nantis, sans être réellement suivi, comme on le voit à Antioche…

Son intolérance vis-à-vis du christianisme s'affirme progressivement. Il écarte les chrétiens des hautes fonctions administratives et judiciaires, rétablit les impôts dont le clergé était dispensé, récupère des biens donnés à l'Église, quand il n'autorise pas tout simplement la saisie de ceux que les chrétiens possédaient en propre. Il agit en faveur des cités fidèles au culte païen, les autres tombant en disgrâce. Il laisse complaisamment des chrétiens se faire massacrer et empêche toute répression, comme il le rappelle à propos de l'émeute d'Émèse dans le *Misopogon* (§ 28). Lorsqu'il spolie l'Église d'Édesse, aux plaintes qu'on lui oppose, il réplique ironiquement en évoquant les valeurs de pauvreté que défend le christianisme (*Lettres* 110, 112 et 115). Plusieurs fois, il fait exhumer des reliques placées au seuil de sanctuaires païens transformés en *martyria* chrétiens, comme au temple d'Apollon à Daphné, près d'Antioche.

L'estocade devait être portée avec la constitution d'un clergé païen, inspiré de ce qu'avait tenté Maximin Daïa[28], mais surtout du clergé chrétien lui-même dont Julien percevait la force prosélyte. Au paragraphe 35 du *Misopogon*, il en synthétise les principaux axes : « Les prêtres n'ont pas reçu des dieux d'autre consigne que celle de les honorer par une vie irréprochable, par la pratique de la vertu et l'exercice régulier de leur ministère. » En outre, il tente de substituer à l'œuvre de charité qu'assumait l'Église chrétienne l'intervention de l'État, des curies municipales et du futur clergé païen. Comme dans les

28. César en 305, autoproclamé Auguste en 307, païen convaincu et persécuteur de chrétiens, il domina l'Orient jusqu'à son suicide en 313.

principes fondateurs de la tétrarchie, en vue d'unifier et de renforcer l'Empire, se confondent inextricablement le respect des dieux, celui des lois et celui de leurs garants, c'est-à-dire les princes.

Ce qui choque unanimement chrétiens et païens, dont Libanios et Ammien Marcellin, c'est l'interdiction faite aux chrétiens d'enseigner (loi du 17 juin 362). Tout à son hostilité réactionnaire, Julien n'a pas perçu l'enracinement du christianisme dans l'Empire ni le rôle des lettrés chrétiens dans la transmission de l'héritage classique. Quant aux païens, ils ne se reconnaissaient pas dans la pratique religieuse de plus en plus démesurée de Julien, sous la coupe de Maxime d'Éphèse, détesté à cause de ses prétentions et de son influence sur l'empereur.

Pour couronner le tout, Julien, tenté par le mirage d'incarner un nouvel Alexandre, décide de partir en guerre contre la Perse. Il choisit de concentrer ses troupes à Antioche, espérant en même temps y goûter aux plaisirs d'activités culturelles de haute réputation. En chemin, il multiplie les pèlerinages dans les sanctuaires païens, sacrifiant sans cesse, consultant les haruspices et les oracles…

La déconstruction

Antioche, à la population majoritairement chrétienne, était rodée à la présence impériale ; inévitablement des comparaisons allaient s'établir, des heurts se produiraient.

Julien s'y rend sans aucune solennité, avec son antichristianisme déclaré, ses tocades religieuses et ses mœurs d'ascète, refusant de loger là où les autres empereurs demeuraient habituellement. Il déroute les Antiochéens, dès son entrée dans la ville, les rabrouant pour leurs ovations, eux qui l'ont accueilli, comme le raconte Ammien, « par des vœux publics, comme s'il s'agissait de quelque divinité[29] ». Il leur reproche de délaisser les sanctuaires païens et de ne pas célébrer les fêtes de leurs

29. *Histoires*, XXII, 9, 14, p. 120.

dieux. Les habitants s'attendaient aux largesses dont les empereurs précédents étaient coutumiers; les restrictions les feront vite déchanter, ainsi que le manque de complaisance de Julien, éternel insatisfait: il va jusqu'à les reprendre lorsqu'ils usent de la titulature officielle « Dominus Noster Claudius Julianus Pius Felix Augustus », qu'il réduit à « Felix Julianus Augustus ».

De nouvelles monnaies sont frappées d'un bœuf Apis ou d'autres symboles païens. L'empereur sacrifie lui-même à tour de bras, à l'instar d'un victimaire, choquant doublement la population. Si « la restauration païenne de Julien a souffert de la laïcisation de la boucherie », écrit P. Chuvin[30], c'est aussi parce que Julien impose son armée de Barbares dont la conduite dégénère après les sacrifices, alors que les chrétiens en sont exclus.

> Cependant il inondait les autels, avec une fréquence excessive, des flots du sang des victimes, immolant parfois cent taureaux, d'innombrables troupeaux de petit bétail divers et des oiseaux blancs qu'on allait chercher sur terre et sur mer. Au point que, chaque jour ou presque, les soldats devenus obèses à force de se gaver de viande, menaient une vie fort indisciplinée, et qu'abrutis par leur ivrognerie ils étaient transportés sur les épaules des passants jusqu'à leurs logements, à travers les avenues, depuis les temples publics où ils se laissaient aller à des banquets qui méritaient plutôt le châtiment que l'indulgence – et plus que tous les autres les Pétulants et les Celtes, dont à cette époque l'effronterie s'était accrue au-delà de toute mesure. Par ailleurs, on multipliait démesurément les rites cérémoniels, avec une inflation de dépenses inconnues jusque-là et difficiles à supporter[31].

30. *Chroniques des derniers païens*, Paris, Les Belles Lettres-Fayard Histoire, 1990, p. 53.
31. Ammien Marcellin, *Histoires*, XXII, 12, 6, p. 128.

Et de rappeler que tout l'entretien de l'armée pesait sur une ville défavorable au principe de la guerre…

Faut-il croire Julien quand il prétend s'interroger sur l'hostilité des Antiochéens ? N'avait-il vraiment pas idée du trouble instauré par son séjour dans la cité chrétienne, qui sortait à peine de la crise meurtrière dans laquelle Gallus l'avait laissée s'enliser, ce qui lui avait coûté la vie au demeurant ? C'est difficile à imaginer. Il ne pouvait ignorer les causes réelles de la dégradation économique dont il était responsable. Sa mauvaise foi était à la mesure d'une tension grandissante, quasi frénétique. Au plus fort de la vindicte, il improvise divers discours en quelques nuits, tout en menant trente-six autres affaires le jour, apostrophant à l'occasion les responsables municipaux. Il sombre dans un fanatisme exacerbé, interdisant aux chrétiens de célébrer les funérailles de jour (loi du 12 février 363), et réserve ses plus graves accusations aux Antiochéens dans les derniers paragraphes du *Misopogon*, indigné de leur impiété. « C'était un avocat qui pouvait s'enivrer de sa cause[32] », écrivait Voltaire, au point que ce « grand bienfaiteur de l'humanité[33] » – ce que Julien désirait être réellement – ne percevait plus l'inadéquation de son gouvernement. Il avait aussi une très haute opinion de lui-même, comme le rappelle J. Bouffartigue, sûr qu'il était de détenir la vérité et d'être dans son bon droit. S'il invitait par principe ses proches à le reprendre, il n'entendait plus ceux qui le contredisaient ou tentaient de le tempérer. De fait, il ne fit aucun effort sérieux, quoi qu'il en dise, pour se rallier les Antiochéens qu'il avait fini par mépriser profondément, ou, s'il essayait, c'était presque toujours à contre-pied.

Chrétiens et païens auraient pu participer à des fêtes communes, mais Julien s'y refusait, avec un manque de diplomatie étonnant. En outre, Ammien le soupçonne d'avoir tenté de gagner à sa cause les plus modestes en fixant un maximum des prix : ce fut une erreur supplémentaire, car il lésa ainsi les

32. *Histoire de l'établissement du christianisme*, ch. XXI. *Questions sur l'empereur Julien*, in *Œuvres complètes*, *op. cit.*, t. 6, p. 609.
33. *Misopogon*, 39.

propriétaires auxquels il imposa de nouvelles charges. Ces derniers ripostèrent en spéculant, n'approvisionnant plus la ville ; pénurie et marché noir s'ensuivirent. Stocké dans les campagnes environnantes, le blé que Julien fit venir d'Égypte souffrit de semblables problèmes de distribution. Ammien, qui appartenait sans doute au milieu supportant les nouvelles obligations municipales, est particulièrement critique vis-à-vis de son entêtement :

> Pourtant, au milieu des affaires importantes et sérieuses, il entreprenait une action qui semblait superflue : sans aucune raison acceptable, il s'efforçait de faire baisser les prix des marchandises – une politique qui, conduite plus d'une fois d'une manière inadéquate, engendre d'habitude pénurie et famine[34]. Et alors que le Sénat d'Antioche lui montrait sans ambages que cela ne pouvait se faire au moment où il l'ordonnait, il ne renonçait nullement à son projet, semblable en cela à son frère Gallus, quoique sans faire couler le sang[35].

Certes, Julien augmente le nombre de sénateurs (ou curiales), mais comme, parallèlement, il leur interdit le cumul des activités, les candidats se font rares. Enfin, sa distribution de lots de terre fut mal gérée et ne profita qu'aux plus riches.

Non seulement « le grand bienfaiteur de l'humanité » se fourvoie mais on le tourne en ridicule sur la place publique. Ammien témoigne encore :

> Après quoi, découvrant qu'on le plaisantait abondamment et contraint de n'en tenir compte en raison des circonstances, il bouillait d'une colère rentrée. Car on le ridiculisait sous les traits d'un Cercope[36], petit bonhomme étirant ses épaules étroites, arborant une

34. Allusion à l'édit du Maximum de Dioclétien.
35. Ammien Marcellin, *Histoires*, XXII, 14, 2-3, pp. 130-131.
36. Hommes-singes, démons devenus personnages de comédie sous la forme d'êtres chétifs et tyranniques.

> barbe de bouc et s'avançant à grands pas comme s'il était le frère d'Otus et d'Ephialtès[37] dont Homère pousse la grande taille jusqu'à l'immensité. De même on le traitait de victimaire au lieu de dévot. Allusion chez beaucoup de gens au grand nombre des animaux qu'il sacrifiait. Et l'accusation était fondée, car dans son esprit d'ostentation il prenait un plaisir abusif à porter les objets sacrés à la place des prêtres et à être entouré de petites femmes[38] [...].

Sous la plume romanesque de Dmitri Merejkovski, des gamins d'Antioche chantonnent par imitation de leurs chrétiens de parents[39] :

> Le boucher s'en vient,
> Le boucher s'en vient,
> Aiguisant son couteau,
> Tiraillant sa barbe...
> Sa barbe au poil noir,
> Sa barbe au long poil,
> Sa barbe de bouc...

Le ton est juste.

À la fin de son césarat, Julien s'est en effet laissé pousser la barbe à la manière des empereurs philosophes des premiers siècles impériaux. Elle figure sur les pièces de monnaie à partir de 361-362. On en parlait jusqu'à la cour de Constance déjà du temps où Julien était en Gaule, comme le rapporte Ammien énumérant ses divers surnoms: « la chèvre », « la taupe bavarde », « la guenon vêtue de pourpre », « le cuistre de Grec[40] ». Mais l'homme est maintenant à fleur de peau, et les Antiochéens font mouche.

37. Deux géants de l'*Odyssée*, XI, 305-312.

38. *Histoires*, XXII, 14, 2-3, p. 131.

39. *La Mort des dieux* (Saint-Pétersbourg, 1906), trad. du russe par Henri Mongault, Paris, Gallimard, 1957, p. 267.

40. *Histoires*, XVII, 11, 1, p. 67.

> C'est pourquoi, saisi désormais de fureur contre ces gens, qu'il tenait pour des dénigreurs et des obstinés, il composa un livre d'invectives, qu'il appela *L'Antiochien* ou *L'Ennemi des barbes*, énumérant dans un esprit hostile les tares de la cité, en outrepassant sur plus d'un point la vérité[41].

Julien se crispe définitivement; n'est pas Cyrano de Bergerac qui veut. Par des exigences qui ne sont ni du temps ni du lieu, ni de la position qu'il occupe, il se flatte de ne pas être comme les autres. Il souhaiterait continuer de croire, comme il l'a exposé dans sa lettre *À Thémistius*, que le philosophe, « confirmant ses paroles par son exemple et se montrant tel qu'il veut que les autres soient, peut-être plus persuasif et plus efficient, quand il faut agir, que ceux qui ne poussent aux belles actions que par décret[42] ». Néanmoins, « il s'abaisse à plaider longuement sa cause devant des gens qui l'ont offensé » (J. Bouffartigue).

Pour justifier son départ, une décision lourde de menaces pour la suite[43], il met l'affaire du temple de Daphné au cœur du conflit. Constance avait fait fermer ce temple, car il se délabrait, et Gallus avait fait élever une chapelle en face pour recevoir les reliques du martyr Babylas. Julien demande à son oncle, comte d'Orient, de procéder aux travaux de restauration du péristyle. Sur place, il ordonne que soient évacués « le cadavre » de Babylas ainsi que d'autres ossements du bois sacré, « les chrétiens, ameutés en long cortège, (les) escortent jusqu'au cimetière d'Antioche. Les hymnes qu'ils chantent au long de la route, vouent à l'exécration les adorateurs de statues[44] ». À ses yeux, il ne fait aucun doute que l'incendie du 22 octobre, qui détruisit intégralement le temple et la fameuse

41. Ammien Marcellin, *Histoires*, XXII, 14, 2, pp. 130-131.

42. *À Thémistius, in Discours de Julien Empereur, G. Rochefort (éd.), Paris, Les Belles Lettres, C.U.F., 1963, 266 B, p. 28.*

43. Il nomme Alexandre, païen fanatique, consulaire de Syrie, en poste à Antioche.

44. Chr. Lacombrade, Notice du *Misopogon*, p. 143.

statue d'ivoire de Bryaxis, représentant Apollon en citharède, est le fait de chrétiens, couverts tacitement par les responsables de la ville. Ammien n'en est pas convaincu :

> Devant la destruction soudaine de ce temple par un accident aussi affreux, l'empereur fut transporté de colère jusqu'à ordonner l'ouverture d'enquêtes plus rigoureuses que d'habitude et la fermeture de la grande église d'Antioche. Car il soupçonnait les chrétiens, piqué par un vif ressentiment, d'être les responsables de cet acte : ils voyaient en effet avec déplaisir qu'on entourait ce temple d'une superbe colonnade. En fait, le bruit courait – ce n'étaient à vrai dire que des chuchotements bien légers – que la cause de l'incendie était la suivante : le philosophe Asclépiadès [...], arrivé de l'étranger dans ce faubourg pour rendre visite à Julien, plaça devant les pieds de la haute statue une petite effigie en argent de la déesse Caelestis, qu'il avait l'habitude de porter avec lui partout où il allait, et après avoir allumé des cierges selon l'usage, il quitta les lieux. De ces cierges, à minuit passé, alors que personne ne pouvait être là ni porter secours, des étincelles, volant çà et là, entrèrent en contact avec de très vieilles pièces de bois, et le feu, alimenté en combustible sec, monta en consumant toutes les parties qui pouvaient être atteintes, même si elles étaient éloignées par leur position très élevée[45].

Des auteurs chrétiens évoquèrent la foudre... L'oncle de Julien fut chargé de la répression : les gardiens du temple furent torturés, sans qu'une culpabilité puisse être clairement établie. Quelque temps plus tard, l'oncle de Julien mourut à son tour...

Julien renonce, profondément agacé de la résistance des Antiochéens à sa volonté, chrétiens « au cou de pierre », renégats au judaïsme dont ils sont issus et mauvais sujets à l'égard de l'empire qu'il représente.

45. *Histoires*, XXII, 13, p. 128-129.

Libanios tente de s'interposer contre la spoliation des chrétiens, puis lors la colère finale de Julien, mais en vain. Ammien lui-même est exaspéré de tous ces faux pas, et il est de ceux qui misent sur la guerre contre les Perses pour en finir avec cette situation. Pour Julien, l'expédition est à la fois une occasion de renouer avec l'action qui lui avait valu ses succès en Gaule et de donner libre cours à son désir d'être un nouvel Alexandre, propagateur d'un hellénisme guerrier. Il joue son va-tout. Et, à la fin de l'envoi, il perd.

*

Ce n'est pas simplement la fatigue de l'exercice du pouvoir qui est ici en cause. Ce sont aussi les avatars d'un engagement philosophique et religieux guidant une action politique qui bascule peu à peu dans l'idéologie fanatique et conduit à une intolérance suicidaire. Julien n'en voyait que les aspects positifs dans sa lettre *À Thémistius*. Il était alors en pleine ascension, ivre de ses premiers succès mais encore modéré, et s'exaltait à l'idée de quitter « la philosophie en chambre pour la philosophie à l'air libre[46] ». J. Bouffartigue met en lumière l'être paradoxal, tiraillé entre le pédantisme ampoulé et l'authenticité, entre le désir de modération et de violentes pulsions, entre le désir de spiritualité et celui d'action. Julien a beau dire, enchaînant les figures de style, s'être soumis à la volonté des dieux, puis de ses soldats en Gaule, en s'arrachant à ses études, il a bien sûr pleinement désiré ce pouvoir, réparation de sa tragique enfance, exutoire de ses ambitieuses aspirations divines. Ce faisant, il s'est exposé, et isolé plus encore, perdant le sens d'un monde dont il refusait la vivante polyphonie et où il croyait pouvoir restaurer un ordre ancien bien baroque tout de même, revu par lui, auquel très peu étaient prêts à adhérer.

On n'en finira pas de se poser des questions à son propos. Est-il grec ? oriental, doté de cette *levitas* à laquelle Ammien Marcellin fait allusion ? occidental ? Ses déclarations de sympathie celte et les origines panoniennes dont il se réclame

46. *A Thémistius*, *op. cit.*, 262 D, p. 24.

s'effacent, dans ses écrits et dans son esprit, quand il hellénise Rome et écarte, au concours des Césars, les empereurs romains, à l'exception de Marc Aurèle pour son philhellénisme. Est-il réactionnaire ou novateur ? Respectueux de la tradition tétrarchique et de ce qui la précède, il ne se reconnaît pas dans la filiation constantinienne. Ce n'est pas lui le rebelle de la famille (ou de ce qu'il en reste), ce sont les Constantiniens, assassins et traîtres à l'Empire puisque chrétiens. Pourtant, par bien des côtés, comme son goût de la philanthropie, qu'il tâchait d'helléniser, de la justice sociale et de l'égalité entre les hommes, dans sa recherche de vertu morale, il n'est pas éloigné de l'idéal chrétien. Ses goûts littéraires ? Certes, aucun de ses contemporains ne cite Homère, Hésiode et d'autres Grecs autant que lui, mais ses réflexes sont bien ceux de son temps, jusqu'aux lieux communs de la physiognomonie ou du déterminisme géographique des populations pour expliquer ses incompatibilités d'entente avec les Antiochéens. À quoi ces derniers objectaient qu'un brin d'adaptation n'aurait pas fait de mal : « Tu ne sais pas vivre en société [...], tu n'imites pas le polype qui prend la couleur du rocher[47] [...]. »

Très rapidement après la mort de Julien, la légende s'est emparée de lui. À quelques exceptions près, comme Prudence[48], ou, à la fin du Moyen Âge, Sicard de Crémone et André de la Vigne (XVe siècle), son image est diabolisée par les chrétiens. Avec la Renaissance, les jugements évoluent : Érasme dresse le portrait d'un humaniste *(Traité sur la technique oratoire)* ; Jean Bodin dénonce la méconnaissance des sources, se référant prioritairement à Ammien, et reconnaît des

47. *Misopogon*, § 20.

48. Prudence, auteur chrétien (348-415), donne un avis nuancé sur ce règne : « Cependant parmi tous les princes, il s'en trouva un, alors que j'étais enfant (je m'en souviens), général très vaillant, législateur distingué, fameux par son éloquence et sa bravoure, dévoué aux intérêts de la patrie, mais non à ceux de la vraie religion, pour vénérer trois cent mille dieux. Cet empereur perfide envers Dieu, mais non envers le monde [...] », in *Apotheosis*, M. Lavarenne éd., Paris, Les Belles Lettres, CUF, 1961, v. 449-454, p. 19.

vertus à l'homme *(Méthode pour faciliter la connaissance de l'histoire)*; Montaigne en fait l'éloge politique, militaire et humaniste dans ses *Essais*, particulièrement dans le IIe livre (ch. XIX), admettant toutefois qu'« il s'estoit embabouyné de la science divinatrice ». Calvin en reste à la noire légende; Luther en fait un « mameluk » et Agrippa d'Aubigné réactualise le ton ordurier des pires détracteurs (*Tragiques*, 650-652). Au cours des siècles suivants, on retrouvera les pour et les contre, et toujours de longues controverses autour de son apostasie, quand il n'est pas récupéré par des courants antichrétiens douteux. Il fut également mis en musique, romancé... Mais, bien que Gore Vidal, l'un des scénaristes les plus lettrés du cinéma américain, lui ait consacré une excellente biographie romanesque, Hollywood n'a jamais réalisé de film sur cette trajectoire peu ordinaire.

Ce n'est cependant pas le lieu de présenter ici la liste exhaustive des auteurs qui voulurent débattre de tel ou tel aspect du personnage. Suivant la leçon de Paul Veyne et à l'invitation de J. Fontaine, la matière est suffisamment dense, l'homme suffisamment riche: il ne reste qu'à « choisir son intrigue[49] ».

49. P. Veyne, *Comment on écrit l'histoire*, Paris, Le Seuil, 1971, pp. 45 et suiv.

JULIEN EMPEREUR
MISOPOGON

1 Ἀνακρέοντι τῷ ποιητῇ πολλὰ ἐποιήθη μέλη χαρίεντα· 337
τρυφᾶν γὰρ ἔλαχεν ἐκ Μοιρῶν· Ἀλκαίῳ δ' οὐκέτι οὐδ'
Ἀρχιλόχῳ τῷ Παρίῳ τὴν μοῦσαν ἔδωκεν ὁ θεὸς εἰς εὐφρο-
σύνας καὶ ἡδονὰς τρέψαι· μοχθεῖν γὰρ ἄλλοτε ἄλλως
ἀναγκαζόμενοι τῇ μουσικῇ πρὸς τοῦτο ἐχρῶντο, κουφότερα b
ποιοῦντες αὑτοῖς ὅσα ὁ δαίμων ἐδίδου τῇ εἰς τοὺς ἀδι-
κοῦντας λοιδορίᾳ. Ἐμοὶ δὲ ἀπαγορεύει μὲν ὁ νόμος ἐπ'
ὀνόματος, ὥσπερ οἶμαι καὶ ἅπασι τοῖς ἄλλοις, αἰτιᾶσθαι
τοὺς ἀδικουμένους μὲν οὐδέν, εἶναι δ' ἐπιχειροῦντας
δυσμενεῖς, ἀφαιρεῖται δὲ τὴν ἐν τοῖς μέλεσι μουσικὴν ὁ
νῦν ἐπικρατῶν ἐν τοῖς ἐλευθέροις τῆς παιδείας τρόπος.
Αἴσχιον γὰρ εἶναι δοκεῖ νῦν μουσικὴν ἐπιτηδεύειν, ἢ πάλαι c
ποτὲ ἐδόκει τὸ πλουτεῖν ἀδίκως. Οὐ μὴν ἀφέξομαι διὰ
τοῦτο τῆς ἐμοὶ δυνατῆς ἐκ Μουσῶν ἐπικουρίας. Ἐθεασά-
μην τοι καὶ τοὺς ὑπὲρ τὸν Ῥῆνον βαρβάρους ἄγρια μέλη
λέξει πεποιημένα παραπλησίᾳ τοῖς κρωγμοῖς τῶν τραχὺ
βοώντων ὀρνίθων ᾄδοντας καὶ εὐφραινομένους ἐπὶ τοῖς 338
μέλεσιν. Εἶναι γὰρ οἶμαι συμβαίνει τοῖς φαύλοις τὴν μου-
σικὴν λυπηροῖς μὲν τοῖς θεάτροις, σφίσι δ' αὐτοῖς ἡδίστοις·
ὃ δὴ καὶ αὐτὸς ξυννοήσας εἴωθα πρὸς ἐμαυτὸν λέγειν ὅπερ
ὁ Ἰσμηνίας οὐκ ἀπὸ τῆς ἴσης μὲν ἕξεως, ἀπὸ δὲ τῆς
ὁμοίας, ὡς ἐμαυτὸν πείθω, μεγαλοφροσύνης, ὅτι δῆτα ταῖς
Μούσαις ᾄσω καὶ ἐμαυτῷ.

1. Le poète Anacréon a fait maints poèmes pleins de grâce : la volupté lui avait été donnée en partage par les Moires. Alcée, au contraire, ni Archiloque de Paros ne reçurent plus du ciel une muse encline à l'enjouement et aux plaisirs : contraints l'un et l'autre à la souffrance[1], ils cultivèrent l'art des Muses à telle fin qu'ils surent alléger les épreuves imposées par la divinité en insultant leurs oppresseurs. Pour ma part, la loi m'interdit d'accuser nommément des personnes qui, sans que je les aie offensées le moins du monde, entreprennent de me marquer leur inimitié. D'un autre côté, il est exclu que j'écrive des vers en raison des exigences imposées aujourd'hui par la mode aux gens bien élevés : il paraît aujourd'hui plus blâmable de cultiver la muse qu'il ne l'était jadis de s'enrichir de façon illicite. Pourtant je ne vais pas renoncer pour ce motif au secours que les Muses peuvent m'apporter : j'ai vu même les barbares d'au-delà du Rhin chanter des poèmes sauvages, dont la manière rappelait le croassement des oiseaux enroués ; je les ai vus prendre plaisir à ces poèmes. C'est qu'il arrive, ce me semble, aux mauvais poètes d'être intolérables au théâtre et de s'enchanter eux-mêmes. Aussi, fort de cette conviction, je me dis volontiers le mot d'Isménias[2] dont je n'égale certes pas les capacités mais auquel ma fierté, je crois, m'apparente : je vais chanter pour les Muses et pour moi.[3]

1. Exilés l'un et l'autre.
2. Musicien de Thèbes.

2 Τὸ δὲ ᾆσμα πεζῇ μὲν λέξει πεποίηται, λοιδορίας δὲ ἔχει
πολλὰς καὶ μεγάλας, οὐκ εἰς ἄλλους μὰ Δία (πῶς γάρ, b
ἀπαγορεύοντος τοῦ νόμου;) εἰς δὲ τὸν ποιητὴν αὐτὸν καὶ
τὸν ξυγγραφέα. Τὸ γὰρ εἰς ἑαυτὸν γράφειν οὔτε ἐπαινοὺς
οὔτε ψόγους εἴργει νόμος οὐδείς. Ἐπαινεῖν μὲν δὴ καὶ
σφόδρα ἐθέλων ἐμαυτὸν οὐκ ἔχω, ψέγειν δὲ μυρία, καὶ
πρῶτον ἀρξάμενος ἀπὸ τοῦ προσώπου.

3 Τούτῳ γὰρ οἶμαι φύσει γεγονότι μὴ λίαν καλῷ μηδὲ
εὐπρεπεῖ μηδὲ ὡραίῳ ὑπὸ δυστροπίας καὶ δυσκολίας αὐτὸς c
προστέθεικα τὸν βαθὺν τουτονὶ πώγωνα, δικὰς αὐτὸ
πραττόμενος, ὡς ἔοικεν, οὐδενὸς μὲν ἄλλου, τοῦ δὲ μὴ
φύσει γενέσθαι καλόν. Ταῦτά τοι διαθέοντων ἀνέχομαι τῶν
φθειρῶν ὥσπερ ἐν λόχμῃ τῶν θηρίων. Ἐσθίειν δὲ λάβρως
ἢ πίνειν χανδὸν οὐ συγχωροῦμαι· δεῖ γάρ οἶμαι προσέχειν
μὴ λάθω καὶ συγκαταφαγὼν τοῖς ἄρτοις τὰς τρίχας.
Ὑπὲρ δὲ τοῦ φιλεῖσθαι καὶ φιλεῖν ἥκιστα ἀλγῶ. Καίτοι d
καὶ τοῦτο ἔχειν ἔοικεν ὁ πώγων ὥσπερ τὰ ἄλλα λυπηρόν,
οὐκ ἐπιτρέπων καθαρὰ λείοις καὶ διὰ τοῦτο οἶμαι γλυκερω-
τέρα χείλεσι χείλη προσμάττειν, ὅπερ ἤδη τις ἔφη τῶν
ἐργασαμένων ξὺν τῷ Πανὶ καὶ τῇ Καλλιόπῃ εἰς τὸν Δάφνιν
ποιήματα. Ὑμεῖς δέ φατε δεῖν καὶ σχοινία πλέκειν
ἐνθένδε· καὶ ἕτοιμος παρέχειν, ἣν μόνον ἕλκειν δυνηθῆτε
καὶ μὴ τὰς ἀτρίπτους ὑμῶν καὶ μαλακὰς χεῖρας ἡ τραχύ-
της αὐτῶν δεινὰ ἐργάσηται. Νομίσῃ δὲ μηδεὶς δυσχεραίνειν
ἐμὲ τῷ σκώμματι. Δίδωμι γὰρ αὐτὸς τὴν αἰτίαν ὥσπερ οἱ 339
τράγοι τὸ γένειον ἔχων, ἐξὸν οἶμαι λεῖον αὐτὸ ποιεῖν καὶ

3. Fidèle aux valeurs anciennes, mêlant vertus et culture à dominante hellénique, Julien souligne aussi combien la fonction d'écriture répond à sa solitude de toujours, une écriture donc très personnelle.

2. Ce chant est fait en prose ; il contient de nombreuses et graves injures qui, Zeus m'en est témoin, ne visent pas autrui (le pourrais-je ? la loi s'y oppose), mais l'auteur en personne et l'écrivain : nulle loi n'interdit d'écrire contre soi-même éloges ou blâmes. Or, faire mon éloge, malgré mon vif désir je ne le peux. Me critiquer, au contraire, j'ai à cela mille raisons, à commencer d'abord par mon visage.

3. De fait, à ce visage qui ne tient de la nature ni rare beauté, ni même régularité, ni même fraîcheur, mon fâcheux caractère et mon humeur morose m'ont fait ajouter cette barbe touffue, comme pour le punir, dirait-on, d'être dépourvu de beauté naturelle[4]. Et voilà pourquoi j'endure que les poux se promènent là comme bêtes sauvages dans un hallier, que je m'interdis de manger à belles dents comme de boire à franc gosier : je dois veiller à ne pas engloutir à la fois, par distraction, poils et bouchées de pain. Quant à recevoir ou à donner des baisers, la chose ne m'affecte pas le moins du monde. Et pourtant, en cette matière comme pour le reste, la barbe doit être une gêne : elle interdit d'imprimer lèvres nettes sur lèvres lisses et par suite plus suaves, comme l'a déjà dit un de ceux qui, avec l'aide de Pan et de Calliope, ont composé des vers en l'honneur de Daphnis[5]. Vous dites qu'il en faudrait tresser des câbles ? Je suis prêt à vous les fournir, si seulement cette barbe vous pouvez l'arracher et si sa rudesse ne met pas à mal « vos blanches mains débiles[6] ». Qu'on ne croie pas pourtant que je sois fâché de ce brocard : c'est un fait que j'en fournis moi-même le prétexte avec ce menton de bouc, que je pourrais, je pense, rendre lisse et net,

4. Julien était le sujet de quolibets récurrents sur son physique depuis sa prise de pouvoir. Son portrait par Grégoire de Nazianze, vraisemblable ou non, ne fait que les conforter. Voir en annexe.

5. Théocrite, poète grec bucolique, fin IVᵉ-début IIIᵉ s. av. J.- C.

6. *Odyssée*, XXI, 151.

ψιλόν, ὁποῖον οἱ καλοὶ τῶν παίδων ἔχουσιν ἅπασαί τε αἱ
γυναῖκες, αἷς φύσει πρόσεστι τὸ ἐράσμιον. Ὑμεῖς δὲ καὶ
ἐν τῷ γήρᾳ ζηλοῦντες τοὺς ὑμῶν αὐτῶν υἱέας καὶ τὰς θυ-
γατέρας ὑπὸ ἁβρότητος βίου καὶ ἴσως ἁπαλότητος τρό-
που λεῖον ἐπιμελῶς ἐργάζεσθε, τὸν ἄνδρα ὑποφαίνοντες b
καὶ παραδεικνύντες διὰ τοῦ μετώπου καὶ οὐχ ὥσπερ ἡμεῖς
ἐκ τῶν γνάθων. Ἐμοὶ δὲ οὐκ ἀπέχρησε μόνον ἡ βαθύτης
τοῦ γενείου, ἀλλὰ καὶ τῇ κεφαλῇ πρόσεστιν αὐχμός, καὶ
ὀλιγάκις κείρομαι καὶ ὀνυχίζομαι, καὶ τοὺς δακτύλους ὑπὸ
τοῦ καλάμου τὰ πολλὰ ἔχω μέλανας. Εἰ δὲ βούλεσθέ τι καὶ
τῶν ἀπορρήτων μαθεῖν, ἔστι μοι τὸ στῆθος δασὺ καὶ
λάσιον ὥσπερ τῶν λεόντων, οἵπερ βασιλεύουσι τῶν θηρίων,
οὐδὲ ἐποίησα λεῖον αὐτὸ πώποτε διὰ δυσκολίαν καὶ μικρο-
πρέπειαν, οὐδὲ ἄλλο τι μέρος τοῦ σώματος εἰργασάμην c
λεῖον οὐδὲ μαλακόν. Εἶπόν γ᾽ ἂν ὑμῖν, εἴ τις ἦν μοι καὶ
ἀκροχορδὼν ὥσπερ τῷ Κικέρωνι· νυνὶ δὲ οὐκ ἔστι. Καὶ εἰ
συγγινώσκετε, φράσω μὴν ἕτερον.

4 Ἐμοὶ γὰρ οὐκ ἀπόχρη τὸ σῶμα εἶναι τοιοῦτο, πρὸς δὲ
καὶ δίαιτα παγχάλεπος ἐπιτηδεύεται. Εἴργω τῶν θεάτρων
ἐμαυτὸν ὑπ᾽ ἀβελτηρίας, οὐδὲ εἴσω τῆς αὐλῆς παραδέχο-
μαι τὴν θυμέλην ἔξω τῆς νουμηνίας τοῦ ἔτους ὑπ᾽ ἀναι- d
σθησίας, ὥσπερ τινὰ φόρον ἢ δασμὸν εἰσφέρων καὶ
ἀποδιδοὺς ἄγροικος ὀλίγα ἔχων οὐκ ἐπιεικεῖ δεσπότῃ. Καὶ
τότε δὲ εἰσελθὼν τοῖς ἀφοσιουμένοις ἔοικα. Κέκτημαι δὲ
οὐδένα, καὶ ταῦτα βασιλεὺς ἀκούων μέγας, ⟨ὃς⟩ καθάπερ
ὕπαρχος ἢ στρατηγὸς διὰ πάσης τῆς οἰκουμένης ἄρξει
τῶν μίμων καὶ τῶν ἡνιόχων· ὅπερ ὑμεῖς δρῶντες ὀλίγῳ
πρότερον ἀναμιμνήσκεσθε νῦν

« ἥβης ἐκείνης νοῦ τε ἐκείνου καὶ φρενῶν ».

7. Cratinos, poète comique athénien, Vᵉ s. av. J.- C.

comme l'ont les jolis garçons et toute la gent féminine dont c'est le propre d'être aimable. Vous, au contraire, même vieux, rivalisant avec vos fils et vos filles, sacrifiant à ces manières délicates et peut-être à cette morale inconsistante, vous mettez tous vos soins à vous épiler, vous ne laissez paraître, vous ne laissez percer votre qualité d'homme que, par le front et non, comme je fais, sur les mâchoires. Encore ne m'a-t-il pas suffi d'avoir cette touffe au menton : de la tête je suis aussi malpropre ; il est rare que je me fasse coiffer ou que je donne mes ongles à tailler, et mes doigts, à force de tenir la plume, sont le plus souvent noirs. Vous faut-il encore une particularité intime ? Mon poitrail est velu, hirsute comme celui des lions, ces rois des animaux : je ne l'ai jamais épilé tant je suis d'humeur fâcheuse et d'esprit étroit. Aucun autre endroit de ma personne n'a été poncé ni massé. Je vous le dirais, bien sûr, si, comme Cicéron, j'avais aussi une verrue. Mais ce n'est pas le cas et, si vous le permettez, je vais vous donner un autre détail.

4. Il ne me suffit pas d'être ainsi constitué. Le mode de vie que je pratique est, par surcroît, des plus austères. Je m'interdis l'accès dans les théâtres tant je suis balourd, et je ne laisse pas pénétrer à la Cour l'autel de Bacchos en dehors du premier de l'an. C'est là l'effet d'une âme inerte. On dirait d'un rustre qui, de son petit avoir, acquitte le fermage, paie le tribut à un maître sans indulgence ; et j'entre alors au spectacle avec une mine de pénitent. Malgré mon titre de monarque tout-puissant, je n'ai personne pour commander à travers l'univers, tel un lieutenant ou un général, les mimes et les auriges. Et comme naguère vous m'avez vu ainsi, vous évoquez à l'heure actuelle

Cette noble jeunesse et cet esprit génial[7].

5 Ἦν μὲν οὖν ἴσως καὶ τοῦτο βαρὺ καὶ δεῖγμα ἐναργὲς 340
μοχθηρίας τρόπου· προστίθημι δὲ ἐγώ τι καινότερον ἀεί. Μισῶ τὰς ἱπποδρομίας, ὥσπερ οἱ χρήματα ὀφληκότες τὰς ἀγοράς. Ὀλιγάκις οὖν εἰς αὐτὰς φοιτῶ ἐν ταῖς ἑορταῖς τῶν θεῶν οὐδὲ διημερεύω, καθάπερ εἰώθεσαν ὅ τε ἀνεψιὸς ὁ ἐμὸς καὶ ὁ θεῖος καὶ ὁ ἀδελφὸς ὁ ὁμοπάτριος. Ἓξ δὲ τοὺς πάντας θεώμενος δρόμους, οὐδὲ αὐτοὺς ὡς ἄν τις ἐρῶν τοῦ πράγματος ἢ ναὶ μὰ Δία μὴ μισῶν αὐτὸ μηδὲ ἀποστρε- b
φόμενος, ἄσμενος ἀπαλλάττομαι.

6 Ἀλλὰ τὰ μὲν ἔξω ταῦτα· καίτοι πόστον εἴρηταί μοι μέρος τῶν ἐμῶν εἰς ὑμᾶς ἀδικημάτων; τὰ δὲ ἔνδον ἄγρυπνοι νύκτες ἐν στιβάδι, καὶ τροφὴ παντὸς ἥττων κόρου πικρὸν ἦθος ποιεῖ καὶ τρυφώσῃ πόλει πολέμιον. Οὐ μὴν ὑμῶν γ' ἕνεκα τοῦτο ἐπιτηδεύεται παρ' ἐμοῦ· δεινή δέ τις ἐκ παιδαρίου με καὶ ἀνόητος ἀπάτη προκαταλαβοῦσα τῇ γαστρὶ πολεμεῖν ἔπεισεν, οὐδὲ ἐπιτρέπω πολλῶν ἐμπίπλα- c
σθαι σιτίων αὐτῇ. Ὀλιγάκις οὖν ἐμοὶ τῶν πάντων ἐμέσαι συνέβη. Καὶ μέμνημαι αὐτὸ παθὼν ἐξ ὅτου Καῖσαρ ἐγενόμην ἅπαξ ἀπὸ συμπτώματος, οὐ πλησμονῆς. Ἄξιον δὲ ὑπομνησθῆναι διηγήματος οὐδὲ αὐτοῦ πάνυ χαρίεντος, ἐμοὶ δὲ διὰ τοῦτο μάλιστα οἰκείου.

7 Ἐτύγχανον ἐγὼ χειμάζων περὶ τὴν φίλην Λουτεκίαν· d
ὀνομάζουσι δὲ οὕτως οἱ Κελτοὶ τῶν Παρισίων τὴν πολίχνην. Ἔστι δὲ οὐ μεγάλη νῆσος ἐγκειμένη τῷ ποταμῷ, καὶ αὐτὴν κύκλῳ πᾶσαν τὸ τεῖχος καταλαμβάνει, ξύλιναι

5. Donc c'était là peut-être chose fâcheuse et qui démontrait clairement mon mauvais caractère. J'ajoute tout à la suite un trait encore plus choquant : je déteste les jeux de l'hippodrome autant que les débiteurs l'agora. Je ne m'y rends que rarement lors des fêtes des dieux et sans y rester à longueur de journée comme le faisaient mon cousin, mon oncle et mon demi-frère[8]. Mais j'assiste à six courses et c'est tout. Loin d'y assister d'ailleurs en spectateur passionné pour cet exercice, ou, pour dire vrai, qui n'éprouve pas de la répugnance et du dégoût, je suis tout heureux de m'en aller.

6. Mais, tout cela, c'est ma vie extérieure. Combien sommaire est ce premier rapport de mes torts envers vous ! Parlons de ma vie privée. Des nuits sans sommeil sur une paillasse, une nourriture qui me laisse sur mon appétit, tout cela aigrit mon caractère et le dresse contre une cité amie du luxe comme est la vôtre. Pourtant ce n'est pas à cause de vous que je me livre à ces pratiques : dès mon enfance une erreur profonde et stupide m'a engagé à déclarer par principe la guerre à mon ventre. Je ne lui permets pas d'absorber beaucoup d'aliments. C'est pourquoi, moins que personne il m'est arrivé de vomir. Je me rappelle que cela ne m'est arrivé qu'une fois, depuis que je suis devenu César ; encore était-ce l'effet d'un accident et non d'une indigestion. Le récit vaut d'être conté, non qu'il soit en lui-même fort plaisant, mais c'est pour cette raison que j'y suis tout à fait à l'aise.

7. Il se trouvait que je cantonnais, cet hiver-là, dans ma chère Lutèce[9] : c'est ainsi que les Celtes désignent le fort des Parisiens. C'est une île de faible étendue au milieu du fleuve, et le rempart l'entoure en cercle de toute part ; des

8. Soit l'empereur Constance II, Julius Julianus, comte d'Orient, et le César Gallus (voir la généalogie en annexe).

9. Julien y a séjourné durant les hivers de 357, 358 et 359.

δὲ ἐπ' αὐτὴν ἀμφοτέρωθεν εἰσάγουσι γέφυραι, καὶ ὀλιγάκις
ὁ ποταμὸς ἐλαττοῦται καὶ μείζων γίνεται, τὰ πολλὰ δέ
ἐστιν ὁποῖος ὥρᾳ θέρους καὶ χειμῶνος, ὕδωρ ἥδιστον καὶ
καθαρώτατον ὁρᾶν καὶ πίνειν ἐθέλοντι παρέχων. Ἅτε γὰρ
νῆσον οἰκοῦντας ὑδρεύεσθαι μάλιστα ἐνθένδε χρή. Γίνεται
δὲ καὶ ὁ χειμὼν ἐκεῖ πρᾳότερος, εἴτε ὑπὸ τῆς θέρμης τοῦ
ὠκεανοῦ (στάδια γὰρ ἀπέχει τῶν ἐννακοσίων οὐ πλείω, καὶ 341
διαδίδοται τυχὸν λεπτή τις αὖρα τοῦ ὕδατος, εἶναι δὲ δοκεῖ
θερμότερον τὸ θαλάττιον τοῦ γλυκέος), εἴτε οὖν ἐκ ταύτης
εἴτε ἔκ τινος ἄλλης αἰτίας ἀφανοῦς ἐμοί, τὸ πρᾶγμά ἐστι
τοιοῦτον· ἀλεεινότερον ἔχουσιν οἱ τὸ χωρίον οἰκοῦντες
τὸν χειμῶνα, καὶ φύεται παρ' αὐτοῖς ἄμπελος ἀγαθή, καὶ
συκᾶς ἤδη τινές εἰσιν οἳ ἐμηχανήσαντο, σκεπάζοντες
αὐτὰς τοῦ χειμῶνος ὥσπερ ἱματίοις τῇ καλάμῃ τοῦ πυροῦ b
καὶ τοιούτοις τισίν, ὅσα εἴωθεν εἴργειν τὴν ἐκ τοῦ ἀέρος
ἐπιγιγνομένην τοῖς δένδρεσι βλάβην. Ἐγένετο δὴ οὖν ὁ
χειμὼν τοῦ εἰωθότος σφοδρότερος, καὶ παρέφερεν ὁ
ποταμὸς ὥσπερ μαρμάρου πλάκας· ἴστε δήπου τὸν Φρύγιον
λίθον, ᾧ ἐῴκει μάλιστα τοῦ λευκοῦ τούτου τὰ κρύσταλλα,
μεγάλα καὶ ἐπάλληλα φερόμενα· καὶ δὴ καὶ συνεχῆ ποιεῖν
ἤδη τὸν πόρον ἔμελλε καὶ τὸ ῥεῦμα γεφυροῦν. Ὡς οὖν ἐν c
τούτοις ἀγριώτερος ἦν τοῦ συνήθους, ἐθάλπετο δὲ τὸ
δωμάτιον οὐδαμῶς, οὗπερ ἐκάθευδον, ὄνπερ εἰώθει τρόπον
ὑπογαίοις καμίνοις τὰ πολλὰ τῶν οἰκημάτων ἐκεῖ θερ-
μαίνεσθαι, καὶ ταῦτα ἔχον εὐτρεπῶς πρὸς τὸ παραδέξα-
σθαι τὴν ἐκ τοῦ πυρὸς ἀλέαν· συνέβη δὲ οἶμαι καὶ τότε
διὰ σκαιότητα τὴν ἐμὴν καὶ τὴν εἰς αὐτὸν πρῶτον, ὡς
εἰκός, ἀπανθρωπίαν· ἐβουλόμην γὰρ ἐθίζειν ἐμαυτὸν ἀνέ-
χεσθαι τὸν ἀέρα, ταύτης ⟨ἂν⟩ενδεῶς ἔχοντα τῆς βοηθείας.

ponts de bois, partis de chaque rive, y donnent accès. Il est rare que le fleuve baisse ou soit en crue ; en général il a le même débit en hiver qu'en été et il fournit une eau très agréable et très pure à voir comme à boire si l'on en a envie : de fait, comme on vit dans une île, c'est surtout au fleuve que l'on doit prendre l'eau. L'hiver y est aussi plutôt tempéré, soit en raison de la chaleur venue de l'Océan (il n'en est pas éloigné de plus de 900 stades et parfois une légère brise issue de l'eau se transmet jusque-là, l'eau de mer semblant être plus tiède que l'eau douce), soit donc pour cette raison, soit pour une autre qui m'échappe, tel est le fait[10]. Les habitants de la région ont un hiver plus ensoleillé. Il pousse chez eux une vigne de qualité, et d'aucuns sont déjà parvenus à y avoir des figuiers que l'on abrite, l'hiver, en les habillant, en quelque sorte, avec des paillons de blé ou encore avec tous ces revêtements du même ordre, dont on protège d'habitude les arbres contre les rigueurs de la température. Donc cet hiver était plus dur que d'habitude. Le fleuve charriait comme des dalles de marbre. Vous connaissez, bien sûr, la pierre de Phrygie[11]. C'est à cela surtout que ressemblaient les blocs glacés de cette masse blanche, blocs énormes qui s'entrechoquaient et qui n'étaient déjà pas loin d'établir un passage continu, une chaussée sur le courant. L'hiver donc était plus cruel qu'à l'ordinaire ; pourtant la pièce où je couchais n'était nullement attiédie par le procédé courant des chaudières souterraines, qui est très répandu là-bas pour chauffer les locaux d'habitation, et cela bien que tout fût aménagé pour accueillir la chaleur du feu.

La raison en était, je pense, même à cette date, cette maladresse qui me caractérise, avec ce mépris de l'humain que je dirige d'abord, comme il se doit, contre moi-même. Je voulais, en effet, m'entraîner à supporter la température

10. Amateur de tous les savoirs, Julien connaissait l'effet de régulation thermique de l'influence océanique.

11. Le cipolin, calcaire cristallin veiné.

Ὡς δὲ ὁ χειμὼν ἐπεκράτει καὶ ἀεὶ μείζων ἐπεγίνετο,
θερμῆναι μὲν οὐδ' ὣς ἐπέτρεψα τοῖς ὑπηρέταις τὸ οἴκημα, d
δεδιὼς κινῆσαι τὴν ἐν τοῖς τοίχοις ὑγρότητα, κομίσαι δὲ
ἔνδον ἐκέλευσα πῦρ κεκαυμένον καὶ ⟨ἄνθρακας⟩ λαμπροὺς
ἀποθέσθαι παντελῶς μετρίους. Οἱ δέ, καίπερ ὄντες οὐ
πολλοί, παμπληθεῖς ἀπὸ τῶν τοίχων ἀτμοὺς ἐκίνησαν, ὑφ'
ὧν κατέδαρθον. Ἐμπιμπλαμένης δέ μοι τῆς κεφαλῆς
ἐδέησα μὲν ἀποπνιγῆναι, κομισθεὶς δὲ ἔξω, τῶν ἰατρῶν 342
παραινούντων ἀπορρῖψαι τὴν ἐντεθεῖσαν ἄρτι τροφήν,
οὔτι μὰ Δία πολλὴν οὖσαν, ἐξέβαλον, καὶ ἐγενόμην αὐ-
τίκα ῥᾴων, ὥστε μοι γενέσθαι κουφοτέραν τὴν νύκτα καὶ
τῆς ὑστεραίας πράττειν ὅτιπερ ἐθέλοιμι.

8 Οὕτω μὲν οὖν ἐγὼ καὶ ἐν Κελτοῖς κατὰ τὸν τοῦ
Μενάνδρου Δύσκολον αὐτὸς ἐμαυτῷ πόνους προσετίθην.
Ἀλλ' ἡ Κελτῶν μὲν ταῦτα ῥᾷον ἔφερεν ἀγροικία, πόλις δὲ
εὐδαίμων καὶ μακαρία καὶ πολυάνθρωπος εἰκότως ἄχθεται, b
ἐν ᾗ πολλοὶ μὲν ὀρχησταί, πολλοὶ δὲ αὐληταί, μῖμοι δὲ
πλείους τῶν πολιτῶν, αἰδὼς δὲ οὐκ ἔστιν ἀρχόντων.
Ἐρυθριᾶν γὰρ πρέπει τοῖς ἀνάνδροις, ἐπεὶ τοῖς γε
ἀνδρείοις, ὥσπερ ὑμεῖς, ἕωθεν κωμάζειν, νύκτωρ ἡδυπαθεῖν,
ὅτι τῶν νόμων ὑπερορᾶτε μὴ λόγῳ διδάσκειν, ἀλλὰ τοῖς
ἔργοις ἐνδείκνυσθαι (καὶ γὰρ οἱ νόμοι φοβεροὶ διὰ τοὺς
ἄρχοντας· ὥστε ὅστις ἄρχοντα ὕβρισεν, οὗτος ἐκ περιου-
σίας τοὺς νόμους κατεπάτησεν·) ὡς δὲ ἐπὶ τούτοις εὐφραι- c
νόμενοι δῆλον ποιεῖτε πολλαχοῦ μέν, οὐχ ἥκιστα δὲ ἐν ταῖς
ἀγοραῖς καὶ ἐν τοῖς θεάτροις, ἀπὸ μὲν τῶν κρότων καὶ ἀπὸ
τῆς βοῆς ὁ δῆμος, οἱ δὲ ἐν τέλει τῷ γνωριμώτεροι μᾶλλον

en me privant de ce secours. Cependant, comme l'hiver prenait le dessus et devenait toujours plus rude, même dans ces conditions je ne permis pas à mes serviteurs de chauffer la salle, de peur que la chaleur ne fit sortir l'humidité des murs. Mais je commandai d'apporter à l'intérieur des cendres chaudes et de déposer là-dessus une proportion parfaitement raisonnable de charbons ardents. Bien qu'il y en eût très peu, ils firent sortir des murs une vapeur intense qui eut pour effet de m'endormir. Ma tête en fut si alourdie que pour un peu je m'asphyxiai. Transporté au dehors, comme les médecins me conseillaient de rejeter la nourriture que je venais de prendre (par Zeus, il n'y en avait guère), je la rendis et me trouvai tout de suite plus à l'aise, au point que ma nuit fut relativement soulagée et que, le lendemain, je pus faire ce que j'avais projeté.

8. C'est ainsi que, pour ma part, même chez les Celtes, tel l'Atrabilaire de Ménandre[12], je m'infligeais à moi-même des épreuves. Mais si la rusticité des Celtes s'accommodait aisément de la chose, une cité florissante, heureuse, surpeuplée a bien raison de s'en offusquer, cité où l'on compte danseurs et flûtistes en grand nombre, mimes en plus grand nombre que les citoyens, nul respect, en revanche, pour les gouvernants. Rougir ne convient qu'à des lâches ; mais des gens de cœur comme vous doivent commencer l'orgie dès l'aurore, consacrer leurs nuits aux plaisirs, et leur mépris des lois non seulement nous l'apprendre en paroles, mais encore le démontrer par des actes. (Et de fait, les lois ne sont redoutables que par les princes ; aussi quiconque outrage un prince, par surcroît piétine les lois.) Que ces pratiques fassent votre bonheur vous le manifestez en bien des endroits et spécialement sur vos places publiques et dans vos théâtres : ce ne sont qu'applaudissements et clameurs chez le peuple, tandis

12. Poète comique grec de la fin du IVe et du début du IIIe s. av. J.-C.

εἶναι καὶ ὀνομάζεσθαι παρὰ πᾶσιν ἀφ' ὧν εἰς τὰς τοιαύτας ἑορτὰς ἐδαπάνησαν ἢ Σόλων ὁ Ἀθηναῖος ἀπὸ τῆς πρὸς Κροῖσον τὸν Λυδῶν βασιλέα συνουσίας, καλοὶ δὲ πάντες καὶ μεγάλοι καὶ λεῖοι καὶ ἀγένειοι, νέοι τε ὁμοίως καὶ πρεσβύτεροι ζηλωταὶ τῆς εὐδαιμονίας [καὶ] τῶν Φαιάκων, d

Εἵματά τ' ἐξημοιβὰ λοετρά τε θερμὰ καὶ εὐνὰς

ἀντὶ τῆς ὁσίας ἀποδεχόμενοι.

9 « Τὴν δὴ σὴν ἀγροικίαν καὶ ἀπανθρωπίαν καὶ σκαιότητα τούτοις ἁρμόσειν ὑπέλαβες; οὕτως ἀνόητόν ἐστί σοι καὶ φαῦλον, ὦ πάντων ἀνθρώπων ἀμαθέστατε καὶ φιλαπεχθημονέστατε, τὸ λεγόμενον ὑπὸ τῶν ἀγεννεστάτων σῶφρον τουτοὶ ψυχάριον, ὃ δὴ σὺ κοσμεῖν καὶ καλλωπίζειν σωφροσύνῃ χρῆναι νομίζεις; οὐκ ὀρθῶς, ὅτι πρῶτον μὲν ἡ σωφροσύνη ὅ τι ποτ' ἐστὶν οὐκ ἴσμεν, ὄνομα δὲ αὐτῆς ἀκούοντες μόνον, ἔργον οὐχ ὁρῶμεν. Εἰ δὲ ὁποῖον σὺ νῦν ἐπιτηδεύεις ἐστίν, ἐπίστασθαι μὲν ὅτι θεοῖς χρὴ δουλεύειν καὶ νόμοις, ἐκ τῶν ἴσων δὲ τοῖς ὁμοτίμοις προσφέρεσθαι καὶ τὴν ἐν τούτοις ὑπεροχὴν φέρειν πρᾳότερον, ἐπιμελεῖσθαι καὶ προνοεῖν ὅπως οἱ πένητες ὑπὸ τῶν πλουτούντων ἥκιστα ἀδικηθήσονται, καὶ ὑπὲρ τούτου πράγματα ἔχειν, ὁποῖα εἰκός ἐστί σοι γενέσθαι πολλάκις, ἀπεχθείας, ὀργάς, λοιδορίας· εἶτα καὶ ταῦτα φέρειν ἐγκρατῶς καὶ μὴ χαλεπαίνειν μηδὲ ἐπιτρέπειν τῷ θυμῷ, παιδαγωγεῖν δὲ αὐτόν, ὡς ἐνδέχεται, καὶ σωφρονίζειν· εἰ δὲ καὶ τοῦτό τις ἔργον θεῖτο σωφροσύνης, ἀπέχεσθαι πάσης ἡδονῆς οὐ λίαν ἀπρεποῦς οὐδὲ ἐπονειδίστου δοκούσης ἐν τῷ φανερῷ, πεπεισμένος ὡς οὐκ ἔστιν ἰδίᾳ σωφρονεῖν οἴκοι καὶ

The margin references on this page are "343" beside the line "σύνη ὅ τι ποτ' ἐστὶν οὐκ ἴσμεν, ὄνομα δὲ αὐτῆς ἀκούον-" and "b" beside the line "εἰκός ἐστί σοι γενέσθαι πολλάκις, ἀπεχθείας, ὀργάς,".

que vos curiales[13] ont beaucoup plus de crédit et de renom auprès de tous pour l'argent dépensé dans de pareilles fêtes que n'en valut à l'Athénien Solon son entrevue avec Crésus, roi des Lydiens[14]. Oui, vous êtes tous beaux, grands, lisses et imberbes et, vieux aussi bien que jeunes, vous aspirez à la félicité des Phéaciens,

au linge frais, aux bains chauds et aux lits[15],

plutôt qu'au respect dû aux lois.

9. « As-tu vraiment pensé, me répondez-vous, que ta rusticité, ta rudesse et ta gaucherie pouvaient s'harmoniser avec cela ? Est-elle à ce point niaise et simplette, ô le plus ignare et le plus hargneux des humains, cette petite âme que des esprits particulièrement vulgaires déclarent sage, et que tu te crois obligé d'orner, d'enjoliver avec cette "sagesse" ? Ah ! quelle erreur ! Tout d'abord, cette "sagesse" nous ignorons ce que c'est ; nous n'en entendons que le nom, mais la chose nous échappe. Si c'est vivre comme tu vis actuellement, si c'est savoir qu'il faut se soumettre aux dieux et aux lois, traiter de pair à égal ses égaux, accepter sans aigreur leur supériorité, faire en sorte et prévoir que les pauvres ne soient point brimés par les riches et, pour cette raison, subir les désagréments qui te sont sans doute arrivés maintes fois, haines, colères, insultes ; mieux encore, si c'est supporter cela de sang-froid, sans se fâcher ni céder au ressentiment ; si c'est, au contraire, se dominer dans la mesure du possible et pratiquer la sagesse ; si l'on admet encore que la sagesse a pour effet de nous sevrer de tout plaisir, même si ce plaisir ne paraît pas trop inconvenant ni répréhensible en public, étant admis qu'on ne saurait être sage dans sa vie

13. Responsables municipaux.
14. Hérodote, *Histoires*, I, 29.
15. *Odyssée*, VIII, 249.

λάθρᾳ τὸν δημοσίᾳ καὶ φανερῶς ἀκόλαστον εἶναι θέλοντα c
καὶ τερπόμενον τοῖς θεάτροις· εἰ δὴ οὖν ὄντως ἡ σωφρο-
σύνη τοιοῦτόν ἐστιν, ἀπόλωλας μὲν αὐτός, ἀπολλύεις δὲ
καὶ ἡμᾶς οὐκ ἀνεχομένους ἀκούειν πρῶτον ὄνομα δουλείας
οὔτε πρὸς θεοὺς οὔτε πρὸς νόμους· ἡδὺ γὰρ ἐν πᾶσι τὸ
ἐλεύθερον.

10 Ἡ δὲ εἰρωνεία πόση; δεσπότης εἶναι οὔ φῄς οὐδὲ ἀνέχῃ
τοῦτο ἀκούων, ἀλλὰ καὶ ἀγανακτεῖς, ὥστε ἤδη ἔπεισας d
τοὺς πλείστους ἐθάδας πάλαι γενομένους ἀφελεῖν ὡς
ἐπίφθονον τῆς ἀρχῆς τοῦτο τὸ ὄνομα, δουλεύειν δὲ ἡμᾶς
ἀναγκάζεις ἄρχουσι καὶ νόμοις. Καίτοι πόσῳ κρεῖττον ἦν
ὀνομάζεσθαι μέν σε δεσπότην, ἔργῳ δὲ ἐᾶν ἡμᾶς εἶναι
ἐλευθέρους, ὦ τὰ μὲν ὀνόματα πρᾳότατε, πικρότατε δὲ τὰ
ἔργα; πρὸς δὲ τούτοις ἀποκναίεις βιαζόμενος μὲν τοὺς
πλουσίους ἐν δικαστηρίοις μετριάζειν, τοὺς πένητας δὲ
εἴργεις συκοφαντεῖν. Ἀφεὶς δὲ τὴν σκηνὴν καὶ τοὺς μίμους
καὶ τοὺς ὀρχηστὰς ἀπολώλεκας ἡμῶν τὴν πόλιν, ὥστε 344
οὐθὲν ἡμῖν ἀγαθὸν ὑπάρχει παρὰ σοῦ πλὴν τῆς βαρύτητος,
ἧς ἀνεχόμενοι μῆνα ἕβδομον τουτονί, τὸ μὲν εὔχεσθαι
πάντως ἀπαλλαγῆναι τοῦ τοσούτου κακοῦ τοῖς περὶ τοὺς
τάφους καλινδουμένοις γραϊδίοις ξυνεχωρήσαμεν, ἡμεῖς δὲ
αὐτὸ διὰ τῆς ἡμῶν αὐτῶν εὐτραπελίας ἐξειργασάμεθα,
βάλλοντές σε τοῖς σκώμμασιν ὥσπερ τοξεύμασι. Σὺ δέ, ὦ b
γενναῖε, πῶς ἀνέξῃ τὰ Περσῶν βέλη, τὰ ἡμέτερα τρέσας
σκώμματα; »

16. Julien avait modifié la titulature impériale, refusant le titre de « maître et seigneur », et rejeté l'étiquette de cour, proscrivant l'« adoration » de la pourpre. Par diverses mesures, il tentait parallèlement d'imposer un code tout à la fois religieux, moral et civique.

17. Si Julien a bien entrepris des réformes en matière de justice et d'économie, il se garde toutefois de signaler les problèmes que posait la présence de l'armée à Antioche durant cette période.

privée, familiale et intime, tandis qu'en public, au grand jour on manquerait délibérément de retenue en faisant ses délices des théâtres ; si vraiment la sagesse répond essentiellement à cette définition, alors ta perte est déjà consommée et tu consommes la nôtre : nous ne tolérons pas seulement d'entendre parler de nous soumettre aux dieux, pas plus que de nous soumettre aux lois : il est si doux d'être absolument libre.

10. D'ailleurs quelle duplicité ! Tu déclares que tu n'es pas notre maître, tu ne supportes pas de t'entendre ainsi désigner, tu t'en indignes même au point que, dès maintenant, tu as convaincu la plupart d'entre nous de renoncer, comme à une vieille routine, au terme, prétendu odieux, de souveraineté, et, d'un autre côté, tu nous forces à nous soumettre à nos souverains et aux lois[16] ? Ah ! comme il vaudrait mieux que tu te laisses appeler maître et que, dans la pratique, tu nous laisses notre liberté, toi dont le langage a tant de mansuétude et la conduite tant de rigueur ! Et puis tu nous excèdes en obligeant les riches à ne pas abuser de leur crédit dans les tribunaux, en interdisant aux pauvres de pratiquer la délation. En congédiant metteurs en scène, mimes et danseurs tu as ruiné notre cité[17]. Nous n'avons nul profit à ta présence : rien que le fardeau de ta mauvaise humeur ; et comme il y aura bientôt sept mois[18] que nous la supportons, laissant aux bonnes vieilles qui tournent autour des tombes le soin de prier pour que nous soyons pleinement délivrés d'un tel fléau, nous nous sommes mis nous-mêmes à le réduire par nos railleries, en te criblant sous les flèches de nos sarcasmes. Comment, ô prince valeureux, vas-tu affronter les traits des Perses, quand tu trembles devant nos brocards[19] ? »

18. Précision permettant de dater le texte de février 363.

19. Julien s'apprêtait à mener campagne contre les Perses, faisant d'Antioche sa base de départ.

11 Ἰδού, βούλομαι πάλιν ἀπ' ἄλλης ἀρχῆς ἐμαυτῷ λοιδορήσασθαι· « Φοιτᾷς εἰς τὰ ἱερά, δύσκολε καὶ δύστροπε καὶ πάντα μοχθηρέ. Συρρεῖ διὰ σὲ τὰ πλήθη πρὸς τὰ τεμένη καὶ μέντοι καὶ οἱ πλείους τῶν ἐν τέλει, καὶ ἀποδέχονταί σε σὺν βοῇ μετὰ κρότων λαμπρῶς ἐν τοῖς τεμένεσιν ὥσπερ ἐν c
τοῖς θεάτροις. Τί οὖν οὐκ ἀγαπᾷς οὐδὲ ἐπαινεῖς, ἀλλὰ ἐπιχειρεῖς εἶναι σοφώτερος τὰ τοιαῦτα τοῦ Πυθίου, καὶ δημηγορεῖς ἐν τῷ πλήθει, καὶ καθάπτῃ τῶν βοώντων πικρῶς αὐτὸ δὴ τοῦτο λέγων τὸ ποιούμενον ὑπ' αὐτῶν, ὡς « Ὑμεῖς τῶν θεῶν ἕνεκεν ὀλιγάκις εἰς τὰ τεμένη συνέρχεσθε, συνδραμόντες δὲ δι' ἐμὲ πολλῆς ἀκοσμίας ἀναπίμπλατε τὰ ἱερά. Πρέποι δὲ ἂν ἀνδράσι σώφροσι καὶ κοσμίοις d
εὔχεσθαι σιγῇ παρὰ τῶν θεῶν αἰτουμένοις τὰ ἀγαθά. Τοῦτον οὐκ ἠκροᾶσθε τὸν νόμον Ὁμήρου

Σιγῇ ἐφ' ὑμείων —;

οὐδὲ ὡς Ὀδυσσεὺς ἐπέσχε τὴν Εὐρύκλειαν ἐκπεπληγμένην ὑπὸ μεγέθους τοῦ κατορθώματος·

Ἐν θυμῷ, γρηῦ, χαῖρε καὶ ἴσχεο μηδ' ὀλόλυζε;

τὰς δὲ δὴ Τρῳάδας οὔτι πρὸς τὸν Πρίαμον ἤ τινα τῶν τούτου γαμετῶν ἢ θυγατέρων ἢ υἱέων, οὐ μὴν οὐδὲ αὐτὸν τὸν Ἕκτορα (καίτοι τούτῳ φησὶν ὡς θεῷ τοὺς Τρῶας 345
εὔχεσθαι, εὐχομένας δὲ οὐκ ἔδειξεν ἐν τῇ ποιήσει οὔτε γυναῖκας οὔτε ἄνδρας) ἀλλὰ τῇ Ἀθηνᾷ « ὀλολυγῇ πᾶσαι, » φησί, « χεῖρας ἀνέσχον, » βαρβαρικὸν μὲν καὶ τοῦτο καὶ

20. *Iliade*, VII, 195.
21. *Odyssée*, XXII, 411.

11. Voyons, je veux encore me prendre moi-même à partie dans un autre domaine : « Tu te rends souvent dans les temples, tout malgracieux, malappris, méchant accompli que tu es. C'est à cause de toi que les foules affluent vers les sanctuaires, avec, bien entendu, la plupart des curiales. On t'y reçoit magnifiquement parmi les acclamations et les applaudissements, exactement comme au théâtre. Pourquoi, dès lors, au lieu d'apprécier, d'approuver cette conduite, te prétendre plus sage là-dessus que le dieu pythien ? haranguer le peuple et réprimander vertement ceux qui crient en leur tenant précisément ce discours pour qualifier ce qu'ils font : "Il est bien rare que ce soit en l'honneur des dieux que vous accouriez dans les sanctuaires : vous y êtes accourus à cause de moi, et vous remplissez les lieux saints d'un désordre effréné. Or il conviendrait à des hommes sages et réservés, qui demandent aux dieux leurs faveurs, de prier en silence. N'avez-vous jamais entendu le précepte d'Homère

Silence parmi vous[20],

et comment Ulysse a fermé la bouche d'Euryclée, toute saisie par la grandeur de son exploit :

Vieille, aie la joie au cœur mais tais-toi ! pas un cri[21] ?

Les Troyennes, d'ailleurs, n'adressent de prières ni à Priam, ni à quelqu'une de ses épouses, filles ou fils, pas même à Hector lui-même. (Encore que ce dernier, dit le poète, reçoive comme un dieu les prières des Troyens[22], on ne voit pas dans l'épopée d'hommes ou de femmes en train de le prier.) C'est vers Athéna, au contraire, 'qu'avec des cris perçants – ainsi dit Homère – toutes tendaient leurs mains[23]'. Le geste, il est vrai, sent son barbare et convient

22. *Iliade*, XXII, 394 et 434.
23. *Iliade*, VI, 301.

γυναιξὶ πρέπον, οὐ μὴν ἀνόσιον πρὸς τοὺς θεοὺς ὥσπερ τὸ παρ' ὑμῶν ποιούμενον. Ἐπαινεῖτε γὰρ ἀντὶ τῶν θεῶν τοὺς ἀνθρώπους, μᾶλλον δὲ ἀντὶ τῶν θεῶν τοὺς ἀνθρώπους ἡμᾶς b κολακεύετε. Κάλλιστον δέ ἐστιν οἶμαι μηδὲ ἐκείνους κολακεύειν, ἀλλὰ θεραπεύειν σωφρόνως. »

12 Ἰδού, πάλιν ἐγὼ τὰ συνήθη τεχνιτεύω λεξείδια καὶ οὐδὲ ἐμαυτῷ συγχωρῶ φθέγγεσθαι ὡς ἔτυχεν ἀδεῶς καὶ ἐλευθέρως, ἀλλὰ ὑπὸ τῆς συνήθους σκαιότητος καὶ ἐμαυτὸν συκοφαντῶ. Ταῦτά τις καὶ τοιαῦτ' ⟨ἂν⟩ λέγοι πρὸς ἄνδρας οὐ τὰ πρὸς τοὺς ἄρχοντας μόνον, ἀλλὰ καὶ τὰ πρὸς τοὺς c θεοὺς ἐλευθέρους εἶναι θέλοντας, ὅπως τις εὔνους αὐτοῖς ὥσπερ πατὴρ ἤπιος νομισθείη, φύσει πονηρὸς ὢν ὥσπερ ἐγώ.

13 « Ἀνέχου τοίνυν αὐτῶν μισούντων καὶ λοιδορούντων λάθρᾳ ἢ καὶ φανερῶς, ἐπειδὴ κολακεύειν ἐνόμισας τοὺς ἐν τοῖς ἱεροῖς δρώμενόν σε ἐπαινοῦντας. Οὐ γὰρ οἶμαι διενοήθης ὅπως ἁρμόσει τῶν ἀνδρῶν οὔτε τοῖς ἐπιτηδεύμασιν οὔτε τοῖς βίοις οὔτε τοῖς ἤθεσιν.

14 « Εἶέν. Ἀλλ' ἐκεῖνο τίς ἀνέξεταί σου; καθεύδεις ὡς ἐπίπαν νύκτωρ μόνος οὐδέ ἐστιν οὐδέν, ὅ σου τὸν ἄγριον d καὶ ἀνήμερον μαλάξει θυμόν· ἀποκέκλεισται δὲ πάσῃ πανταχοῦ πάροδος γλυκυθυμίᾳ. Καὶ τὸ μέγιστον τῶν κακῶν, ὅτι τοιοῦτον ζῶν βίον εὐφραίνῃ καὶ πεποίησαι τὰς κοινὰς κατάρας ἡδονήν. Εἶτα ἀγανακτεῖς, εἴ του τὰ τοιαῦτα ἀκούεις; ἐξὸν εἰδέναι χάριν τοῖς ὑπ' εὐνοίας ἐμμελέστερόν σε νουθετοῦσιν ἐν τοῖς ἀναπαίστοις ἀποψιλῶσαι μὲν τὰς παρειάς, καλὰ δὲ ἀπὸ σαυτοῦ πρῶτον ἀρξάμενον δεικνύειν

à des femmes – ce n'est pas, néanmoins, une impiété envers les dieux, comme ce que vous faites. Car vous décernez aux hommes des louanges dues aux dieux, ou plutôt, à la place des dieux vous flattez les hommes que nous sommes, alors que la perfection, ce me semble, consisterait à ne pas flatter même les dieux, mais bien à les servir en toute sagesse." »

12. Vous le voyez, de nouveau je raffine sur mes habituelles rengaines et, loin de me croire autorisé à m'exprimer selon la conjoncture sans crainte et en toute franchise, cédant à ma gaucherie coutumière, je me vilipende moi-même. Ces propos-là ou d'autres analogues on pourrait les tenir à des gens épris d'indépendance non seulement à l'égard des princes mais encore à l'égard des dieux, pour se faire une réputation de bon cœur, de père débonnaire, quand même on serait un méchant comme moi.

13. Souffre donc qu'ils te haïssent et t'insultent en secret ou au grand jour, puisque tu as pris pour des flatteurs ceux qui, dans les temples, applaudissaient ta vue. Tu n'as jamais songé, ce me semble, à te faire à leurs habitudes, à leurs vies, à leurs mœurs.

14. Passe encore, mais ces façons qui sont les tiennes, comment les admettre ? Tu dors toutes les nuits seul, sans que rien n'attendrisse cette humeur sauvage que rien n'apprivoise. Toute voie d'accès est close à ce qui pourrait adoucir ton cœur. Le comble des maux, c'est que cette existence-là t'enchante et que tu prends plaisir à ces malédictions publiques. Et là-dessus tu te fâches, si tu entends quelqu'un te tenir ces discours ? Tu devrais, au contraire, n'éprouver que reconnaissance pour ceux dont la bonté te conseille, dans des anapestes[24] de bon ton, de te raser de

24. Pied de vers grec ou latin.

πάντα τῷ δήμῳ τῷ φιλογέλωτι τῷδε θεάματα, μίμους, 346
ὀρχηστάς, ἥκιστα αἰσχυνομένας γυναῖκας, παιδάρια περὶ
κάλλους ἁμιλλώμενα ταῖς γυναιξίν, ἄνδρας ἀποψιλουμέ-
νους οὔτι τὰς γνάθους μόνον, ἀλλὰ καὶ ἅπαν τὸ σῶμα,
λειότεροι τῶν γυναικῶν ὅπως φαίνοιντο τοῖς ἐντυγχάνουσιν,
ἑορτάς, πανηγύρεις, οὔτι μὰ Δία τὰς ἱεράς, ἐν αἷς χρὴ b
σωφρονεῖν· ἅλις μὲν γὰρ ἐκείνων ἐστίν, ὥσπερ τῆς δρυός,
καὶ πολὺς ὁ κόρος αὐτῶν.

15 « Ἔθυσεν ὁ Καῖσαρ ἐν τῷ τοῦ Διὸς ἅπαξ, εἶτα ἐν τῷ
τῆς Τύχης, εἰς τὸ τῆς Δήμητρος τρὶς ἐφεξῆς ἐβάδισεν
(ἐπιλέλησμαι γὰρ εἰς τὸ τῆς Δάφνης ὁσάκις εἰσῆλθον
τέμενος, προδοθὲν μὲν ὀλιγωρίᾳ τῶν φυλάκων, ταῖς δὲ τῶν
ἀθέων ἀνδρῶν τόλμαις ἀφανισθέν)· ἡ Σύρων ἥκει νεομηνία,
καὶ ὁ Καῖσαρ αὖθις εἰς Φιλίου Διός· εἶτα ἡ πάγκοινος
ἑορτή, καὶ ὁ Καῖσαρ εἰς τὸ τῆς Τύχης ἔρχεται τέμενος. c
Ἐπισχὼν δὲ τὴν ἀποφράδα, πάλιν ἐς Φιλίου Διὸς τὰς
εὐχὰς ἀναλαμβάνει κατὰ τὰ πάτρια. Καὶ τίς ἀνέξεται
τοσαυτάκις εἰς ἱερὰ φοιτῶντος Καίσαρος, ἐξὸν ἅπαξ ἢ
δὶς ἐνοχλεῖν τοῖς θεοῖς, ἐπιτελεῖν δὲ τὰς πανηγύρεις
ἐκείνας, ὁπόσαι κοιναὶ μέν εἰσι παντὶ τῷ δήμῳ καὶ ὧν
ἔξεστι μετέχειν οὐ τοῖς ἐπισταμένοις θεούς, ἀλλὰ καὶ ὧν
ἐστιν ἡ πόλις πλήρης, ἡδονὴ δὲ πολλὴ καὶ χάριτες, ὁποίας
ἂν τις εὐφραίνοιτο διηνεκῶς καρπούμενος, ὁρῶν ὀρχουμέ-
νους ἄνδρας καὶ παιδάρια καὶ γύναια πολλά; » d

25. Hésiode, *Théogonie*, 35 et *Iliade*, XXII, 126.

26. Incendie du temple d'Apollon à Daphné, près d'Antioche. Julien en rend responsables les chrétiens ou « athées » d'Antioche. Il s'agit d'un épisode central dans son ressentiment à l'égard de la cité (voir l'introduction).

près les joues, et – à commencer par toi-même – de présenter à ce peuple rieur toutes sortes de beaux spectacles, mimes, danseurs, femmes dévergondées, jolis garçons dont la beauté le dispute à celle des femmes, hommes épilés non seulement au menton, mais encore sur tout le corps, afin de paraître à tout venant plus lisses que des femmes ; et des réjouissances et des festivités, à l'exclusion – par Zeus – des fêtes religieuses, où la sagesse est de rigueur. De celles-ci, en effet, comme du chêne du proverbe[25], nous avons à suffisance, nous sommes même largement repus.

15. L'empereur a sacrifié une fois dans le temple de Zeus, puis dans celui de la Fortune, puis il s'est rendu trois fois de suite dans celui de Déméter. (J'ai oublié combien de fois je suis allé au sanctuaire de Daphné, livré, par la négligence des gardiens, à l'audace des athées qui l'ont anéanti)[26]. La néoménie[27] des Syriens est arrivée, et voici de nouveau l'empereur au temple de Zeus Protecteur ; c'est ensuite la fête populaire, et l'empereur se rend au sanctuaire de la Fortune. Il laisse passer un jour néfaste et retourne au temple de Zeus Protecteur à qui il adresse ses prières, conformément aux rites traditionnels. Ah ! comment s'accommoder d'un empereur qui hante si souvent les temples, quand il pourrait n'importuner les dieux qu'une ou deux fois et nous donner ces grandes fêtes qui sont largement ouvertes à tout le peuple, et auxquelles peuvent participer non seulement ceux qui connaissent les dieux, mais aussi tout le peuple assemblé dans la ville ; fêtes toutes de liesse et de plaisirs qu'on s'enchanterait de cueillir sans trêve, avec ces spectacles de ballets réunissant hommes, adolescents et jolies femmes à foison... »

27. Nouvelle lune marquant le début de l'année syrienne, correspondant à l'équinoxe d'automne.

16 Ὅταν οὖν ταῦτα λογίσωμαι, μακαρίζω μὲν ὑμᾶς τῆς εὐδαιμονίας, ἐμαυτῷ δὲ οὐκ ἄχθομαι· φίλα γάρ ἐστί μοι κατά τινα θεὸν ἴσως ταῦτα. Διόπερ εὖ ἴστε, οὐδὲ ἀγανακτῶ. τοῖς δυσχεραίνουσί μου τῷ βίῳ καὶ τῇ προαιρέσει. Προστίθημι δὲ αὐτὸς ὅσα δυνατόν ἐστί μοι τοῖς εἰς ἐμαυτὸν σκώμμασι μειζόνως ἐπικαταχέων ἐμαυτοῦ ταυτασὶ τὰς 347 λοιδορίας, ὃς ὑπὸ ἀφροσύνης οὐ συνῆκα ποταπὸν ἐξ ἀρχῆς τὸ τῆσδε τῆς πόλεως ἦθος, καὶ ταῦτα τῶν ἡλικιωτῶν τῶν ἐμῶν, ὡς ἐμαυτὸν πείθω, βιβλία ἀνελίξας οὐδενὸς ἀριθμὸν ἐλάττω.

17 Λέγεταί τοί ποτε τὸν ἐπώνυμον τῆσδε τῆς πόλεως βασιλέα, μᾶλλον δὲ οὗπερ ἐπώνυμος ἥδε ἡ πόλις συνῳκίσθη (πεποίηται μὲν γὰρ ὑπὸ Σελεύκου, τοὔνομα δὲ ἔχει ἀπὸ τοῦ Σελεύκου παιδός)· ὅν δή φασι δι' ὑπερβολὴν ἁβρότητος καὶ τρυφῆς ἐρῶντα ἀεὶ καὶ ἐρώμενον, τέλος b ἄδικον ἔρωτα τῆς ἑαυτοῦ μητρυιᾶς ἐρασθῆναι· κρύπτειν δὲ ἐθέλοντα τὸ πάθος οὐ δύνασθαι, τὸ σῶμα δὲ αὐτῷ κατὰ μικρὸν τηκόμενον ἀφανῶς οἴχεσθαι, καὶ ὑπορρεῖν τὰς δυνάμεις, καὶ τὸ πνεῦμα ἔλαττον εἶναι τοῦ συνήθους. Ἐῴκει δὲ οἶμαι τὸ κατ' αὐτὸν αἰνίγματι, σαφῆ μὲν οὐκ ἐχούσης αἰτίαν τῆς νόσου, μᾶλλον δὲ οὐδὲ αὐτῆς, ἥτις ποτέ ἐστι, φαινομένης, ἐναργοῦς δὲ οὔσης τῆς περὶ τὸ c μειράκιον ἀσθενείας. Ἐνθάδε μέγας ἆθλος ἰατρῷ προὐτέθη τῷ Σαμίῳ τὴν νόσον, ἥτις ποτέ ἐστιν, ἐξευρεῖν. Ὁ δὲ ὑπονοήσας ἐκ τῶν Ὁμήρου τίνες ποτέ εἰσιν αἱ γυιοκόροι μελεδῶναι, καὶ ὅτι πολλάκις οὐκ ἀσθένεια σώματος, ἀλλ' ἀρρωστία ψυχῆς αἰτία γίγνεται τηκεδόνος τῷ σώματι, καὶ τὸ μειράκιον ὁρῶν ὑπό τε ἡλικίας καὶ συνηθείας οὐκ ἀναφρόδιτον, ὁδὸν ἐτράπετο τοιαύτην ἐπὶ τὴν τοῦ νοσήματος d

28. Julien écrit à plusieurs reprises avoir reçu mission des dieux, dont il descend en outre par sa lignée impériale.

29. Antiochus I.

16. Quand je fais le compte de tout cela, je vous félicite de votre bonheur et pourtant je ne suis pas fâché contre moi. Ces goûts, je les tiens sans doute de quelque divinité[28]. Aussi sachez-le bien, je n'en veux pas à ceux qu'indisposent ma façon de vivre et mes principes. Je renchéris encore, autant que je peux, sur ces critiques dont je suis l'objet, et je fais largement retomber sur ma personne tous ces reproches, car, dans ma sottise, je n'ai pas compris au premier abord ce qu'étaient les mœurs de cette cité. Et pourtant, j'en suis convaincu, parmi tous les gens de mon âge, j'ai lu plus de livres que quiconque.

17. La tradition assure que le roi éponyme de cette ville, plus exactement celui sous le nom duquel la ville a été fondée[29] (elle a effectivement pour auteur Séleucus, mais son nom lui vient du fils de Séleucus), ce roi donc qu'une nature particulièrement efféminée, voluptueuse, vouait constamment à l'amour, finit par se prendre d'une passion coupable pour la femme de son père. Il veut cacher sa passion, mais il n'y peut parvenir. Son corps, insensiblement consumé par ce mal secret, s'exténue. Ses forces s'épuisent et sa respiration est anormalement courte. Ce qui lui arrivait là était vraiment un mystère : on ne distinguait pas la cause de ce mal, ou plutôt cette cause ne trahissait pas sa nature. Manifestement pourtant le garçon dépérissait. Ce fut là une rude tâche qui se trouva proposée au médecin de Samos : comment découvrir la nature du fléau ? Soupçonnant, comme le dit Homère[30], ce qu'étaient « ces soucis qui vous brisent les membres », comprenant que souvent ce n'est pas la faiblesse du corps, mais bien l'abattement de l'âme qui entraîne la consomption d'un organisme, observant aussi que le jeune homme, en vertu de son âge et de ses penchants, n'était pas ignorant des choses de l'amour, il emprunta cette piste pour

30. En fait, Hésiode, *Travaux et Jours*, 66.

θήραν. Καθίζει πλησίον τῆς κλίνης ἀφορῶν εἰς τὸ πρόσωπον τοῦ μειρακίου, παριέναι κελεύσας καλούς τε καὶ καλάς, ἀπὸ τῆς βασιλίδος ἀρξάμενος. Ἡ δὲ ὡς ἦλθεν, ἐπισκεψομένη δῆθεν αὐτόν, αὐτίκα ἐδίδου τὰ συνθήματα τοῦ πάθους ὁ νεανίας, ἆσθμα τῶν θλιβομένων ἠφίει, ἐπέχειν γὰρ αὐτὸ κινούμενον καίπερ σφόδρα ἐθέλων οὐχ οἷός τε ἦν, καὶ ταραχὴ ἦν τοῦ πνεύματος καὶ πολὺ περὶ τὸ πρόσωπον ἐρύθημα. Ταῦτα ὁρῶν ὁ ἰατρὸς προσάγει τῷ 348
στέρνῳ τὴν χεῖρα, καὶ ἐπήδα δεινῶς ἡ καρδία καὶ ἔξω ἵετο. Τοιαῦτα ἄττα ἔπασχεν ἐκείνης παρούσης· ἐπεὶ δὲ ἀπῆλθεν, ἐπιόντων ἄλλων, ἀτρέμας εἶχε καὶ ἦν ὅμοιος τοῖς οὐδὲν πάσχουσι. Συνιδὼν δὲ τὸ πάθος ὁ Ἐρασίστρατος φράζει πρὸς τὸν βασιλέα, καὶ ὃς ὑπὸ τοῦ φιλόπαις εἶναι παραχωρεῖν ἔφη τῷ παιδὶ τῆς γαμετῆς. Ὁ δὲ αὐτίκα μὲν ἠρνήσατο· τελευτήσαντος δὲ τοῦ πατρὸς μικρὸν ὕστερον, ἣν πρότερον διδομένην αὐτῷ χάριν εὐγενῶς ἠρνήθη, μάλα κραταιῶς μετεδίωξεν.

18 Ἀντιόχῳ μὲν δὴ ταῦτα ἐποιήθη. Τοῖς δὲ ἀπ' ἐκείνου b
γενομένοις οὐ νέμεσις ζηλοῦν τὸν οἰκιστὴν ἢ τὸν ὁμώνυμον. Ὥσπερ γὰρ ἐν τοῖς φυτοῖς εἰκός ἐστι διαδίδοσθαι μέχρι πολλοῦ τὰς ποιότητας, ἴσως δὲ καὶ ἐπίπαν ὅμοια τὰ μετὰ ταῦτα τοῖς ἐξ ὧν ἐβλάστησαν φύεσθαι, οὕτω καὶ ἐπὶ τῶν ἀνθρώπων εἶναι εἰκὸς παραπλήσια τὰ ἤθη τῶν ἀπογόνων τοῖς προγόνοις. Ἐγώ τοι καὶ αὐτὸς ἔγνων Ἀθηναίους Ἑλλήνων φιλοτιμοτάτους καὶ φιλανθρωποτάτους· c
καίτοι τοῦτό γε ἐπιεικῶς ἐν πᾶσιν εἶδον τοῖς Ἕλλησιν, ἔχω δὲ εἰπεῖν ὑπὲρ αὐτῶν ὡς καὶ φιλόθεοι μάλιστα πάντων εἰσὶ καὶ δεξιοὶ τὰ πρὸς τοὺς ξένους, καθόλου μὲν Ἕλληνες

traquer la maladie. Il s'assied au chevet de l'adolescent, dont il observe le visage, en faisant passer devant lui beaux garçons et belles femmes, à commencer par la reine. Mais quand celle-ci fut entrée sous prétexte de lui rendre visite, aussitôt le jeune homme trahit les symptômes de son mal. Il semble que sa respiration s'étouffe ; en dépit de sa volonté il est incapable de réprimer le mouvement qui l'agite, il a le souffle haletant et une vive rougeur se répand sur son visage. À cette vue le médecin lui applique la main sur la poitrine : le cœur battait à grands coups, comme s'il s'élançait au dehors. Tel fut l'état dans lequel le mettait cette présence. En revanche, une fois la reine partie, en dépit d'autres visites le malade resta paisible comme un homme qui ne souffrait pas. La maladie ainsi décelée, Érasistrate en fait part au roi, lequel, cédant à l'affection paternelle, déclara qu'il abandonnait son épouse à son fils. Ce dernier pourtant la refusa tout d'abord ; mais après la mort de son père, qui survint à quelque temps de là, il rechercha ardemment la faveur qu'il avait eu la délicatesse de refuser au moment où, tout d'abord, elle lui avait été offerte.

18. Si telle fut la conduite d'Antiochus, il ne faut pas s'étonner de ce que ses descendants cherchent à imiter le fondateur de leur cité ou, du moins, celui qui en porta le nom. En effet, de même que chez les plantes il est normal que les caractères spécifiques se transmettent durablement, qu'il y ait même peut-être une absolue similitude entre les rejetons et la souche primitive, de la même façon on peut croire que parmi les hommes les mœurs des descendants reproduisent celles des ancêtres. De fait, j'ai remarqué que les Athéniens sont les plus généreux et les plus humains des Grecs, bien que j'aie constaté que ces qualités existaient à un degré honorable chez tous les Grecs. Je peux également avancer à ce propos que si, entre tous les peuples, la piété à l'égard des dieux et le sens de l'hospitalité caractérisent généralement tous les Grecs, dans ce

πάντες, αὐτῶν δὲ Ἑλλήνων πλέον τοῦτο ἔχω μαρτυρεῖν
Ἀθηναίοις. Εἰ δὲ ἐκεῖνοι διασῴζουσιν εἰκόνα τῆς παλαιᾶς
ἐν τοῖς ἤθεσιν ἀρετῆς, εἰκὸς δήπουθεν τὸ αὐτὸ ὑπάρχειν
καὶ Σύροις καὶ Ἀραβίοις καὶ Κελτοῖς καὶ Θρᾳξὶ καὶ
Παίοσι καὶ τοῖς ἐν μέσῳ κειμένοις Θρᾳκῶν καὶ Παιόνων d
ἐπ' αὐταῖς Ἴστρου ταῖς ἠιόσι Μυσοῖς, ὅθεν δὴ καὶ τὸ γένος
ἐστί μοι πᾶν ἄγροικον, αὐστηρόν, ἀδέξιον, ἀναφρόδιτον,
ἐμμένον τοῖς κριθεῖσιν ἀμετακινήτως· ἃ δὴ πάντα ἐστὶ
δείγματα δεινῆς ἀγροικίας. Αἰτοῦμαι τοίνυν ὑπὲρ ἐμαυτοῦ
πρῶτον συγγνώμην, ἐν μέρει δὲ καὶ ὑμῖν νέμω τὰ πάτρια
ζηλοῦσιν, οὐδὲ ἐν ὀνείδει προφέρομαι τὸ

Ψεῦσταί τ' ὀρχησταί τε χοροιτυπίῃσιν ἄριστοι, 349

τοὐναντίον δὲ ἀντ' ἐγκωμίων ὑμῖν προσεῖναί φημι πατρίων
ζῆλον ἐπιτηδευμάτων (ἐπεὶ καὶ Ὅμηρος ἐπαινῶν τὸν
Αὐτόλυκόν φησι περιεῖναι πάντων

Κλεπτοσύνῃ θ' ὅρκῳ τε),

καὶ ἐμαυτῷ τὴν σκαιότητα καὶ τὴν ἀμαθίαν καὶ τὴν δυσκο-
λίαν, καὶ τὸ μὴ ῥᾳδίως μαλάττεσθαι μηδὲ ἐπὶ τοῖς δεομέ- b
νοις ἢ τοῖς ἐξαπατῶσι τὰ ἐμαυτοῦ ποιεῖσθαι μηδὲ ταῖς
βοαῖς εἴκειν, καὶ τὰ τοιαῦτα στέργω ὀνείδη. Πότερα μὲν
οὖν ἐστι κουφότερα, θεοῖς ἴσως δῆλον, ἐπείπερ ἀνθρώπων
οὐδεὶς οἷός τε ἡμῖν ἐστιν ὑπὲρ τῶν διαφορῶν βραβεῦσαι·
πεισόμεθα γὰρ οὐδαμῶς αὐτῷ διὰ φιλαυτίαν. Θαυμάζειν
γὰρ εἰκὸς τὰ ἑαυτοῦ ἕκαστον, ἀτιμάζειν δὲ τὰ παρὰ τοῖς

31. Ou Pannonie, région danubienne.

32. Julien est originaire de Mésie, région sud-danubienne, par son grand-père, Constance Chlore, et son arrière-grand-père, Claude II le Gothique, empereurs illyriens (voir la généalogie en annexe).

domaine toutefois les Athéniens – je suis en mesure d'en témoigner – l'emportent sur les Grecs eux-mêmes. Or si ces derniers conservent dans leurs mœurs une image de l'antique vertu, la raison veut, bien sûr, qu'il en soit de même pour les Syriens, les Arabes, les Celtes, les Thraces, comme pour les Mysiens situés entre Thrace et Péonie[31], sur les bords de l'Ister. C'est de là justement que provient ma race, race toute rustique, austère, gauche, insensible à l'amour, d'une persévérance inflexible dans ses résolutions, toutes marques d'une affreuse rusticité[32]. Aussi je revendique pour moi d'abord la faveur qu'à votre tour je vous accorde, d'imiter les traditions familiales, et loin de vous adresser un blâme par cette citation bien connue :

Menteurs, danseurs experts à scander la cadence[33],

c'est, au contraire, un éloge qui revient, je vous l'assure, au zèle que vous apportez à imiter les pratiques de vos aïeux. (Homère ne félicite-t-il pas Autolycos en disant qu'il excelle

dans le larcin et le parjure[34] ?)

Mon apanage à moi c'est la gaucherie, l'ignorance, la hargne ; et quand on dit que je manque de souplesse, que je ne confie pas mes affaires aux quémandeurs et aux fraudeurs, que je ne cède pas aux cris, ce sont là reproches que j'apprécie. De ces deux façons d'agir, quelle est la plus acceptable ? Les dieux peut-être le savent, s'il est vrai que personne au monde n'est en mesure d'arbitrer nos différents. Un tel arbitre, en effet, n'aurait aucun crédit auprès de nous à cause de notre amour-propre, chacun admirant normalement ce qu'il a, méprisant au contraire ce qui revient à autrui. Toutefois, celui qui montre

33. *Iliade*, XXIV, 261.
34. *Odyssée*, XIX, 396.

ἄλλοις. Ὁ δὲ τῷ τὰ ἐναντία ζηλοῦντι νέμων τὴν συγγνώμην εἶναί μοι δοκεῖ πρᾳότατος.

19 Ἐγὼ δὲ ἐννοήσας εὑρίσκω καὶ ἕτερα δεινὰ ἐμαυτὸν c
εἰργασμένον. Πόλει γὰρ προσιὼν ἐλευθέρᾳ, τὸν αὐχμὸν τῶν τριχῶν οὐκ ἀνεχομένῃ, ὥσπερ οἱ κουρέων ἀποροῦντες ἄκαρτος καὶ βαθυγένειος εἰσέδραμον· ἐνόμισας ἂν Σμικρίνην ὁρᾶν ἢ Θρασυλέοντα, δύσκολον πρεσβύτην ἢ στρατιώτην ἀνόητον, ἐξὸν φανῆναι τῷ καλλωπισμῷ παῖδα ὡραῖον καὶ γενέσθαι μειράκιον, εἰ μὴ τὴν ἡλικίαν, τὸν τρόπον γε καὶ τὴν ἁβρότητα τοῦ προσώπου. d

20 « Οὐκ οἶσθα ἀνθρώποις ὁμιλεῖν, οὐδὲ ἐπαινέτης εἶ τοῦ Θεόγνιδος, οὐδὲ μιμῇ τὸν ἀφομοιούμενον ταῖς πέτραις πολύπουν, ἀλλὰ ἡ λεγομένη Μυκόνιος ἀγροικία τε καὶ ἀμαθία καὶ ἀβελτηρία πρὸς πάντας ἐπιτηδεύεται παρὰ σοῦ. Λέληθέ σε πολλοῦ δεῖν ταῦτα εἶναι Κελτοὶ καὶ Θρᾷκες καὶ Ἰλλυριοί; οὐχ ὁρᾷς ὁπόσα μὲν ἐν τῇ πόλει ταύτῃ καπηλεῖα; 350
σὺ δὲ ἀπεχθάνῃ τοῖς καπήλοις οὐ ξυγχωρῶν ὁπόσου βούλονται πωλεῖν αὐτοῖς τῷ δήμῳ τὰ ἐπιτήδεια καὶ τοῖς ἐπιδημοῦσιν. Οἱ δὲ τοὺς κεκτημένους τὴν γῆν αἰτιῶνται. Σὺ δὲ καὶ τούτους ἐχθροὺς ποιεῖς σαυτῷ, τὰ δίκαια ποιεῖν ἀναγκάζων. Οἱ δὲ ἐν τέλει τῆς πόλεως ἀμφοῖν μετέχοντες ταῖν ζημίαιν, ὥσπερ οἶμαι πρότερον ἔχαιρον διχόθεν καρπούμενοι τὰς ὠφελείας, καὶ ὡς κεκτημένοι καὶ ὡς b
καπηλεύοντες, τὰ νῦν εἰκότως λυποῦνται δι' ἀμφοτέρων

35. Personnages de comédies : le premier est « l'avare » et le second « l'intrépide ».

de l'indulgence à l'égard de quiconque a des goûts opposés aux siens, celui-là, ce me semble, est le plus tolérant des hommes.

19. Pour ma part, je trouve, à la réflexion, que j'ai encore commis d'autres maladresses choquantes. Arrivant dans une ville libre, où l'on ne supporte pas de coiffures négligées, j'y suis entré en toute hâte sans m'être même fait raser et avec le menton hirsute de quelqu'un qui n'aurait pas de barbier. On aurait cru voir Smicrinès ou Thrasyléon[35], un vieillard grincheux ou un militaire stupide, alors que j'aurais pu – avec quelque artifice – paraître en bel adolescent et redevenir jeune, sinon par l'âge, du moins par mon allure et la mignardise de mon visage.

20. « Tu ne sais pas vivre en société, me dites-vous. Tu n'es pas de ceux qui se réclament de Théognis[36], car tu n'imites pas le polype qui prend la couleur des rochers ; la rusticité proverbiale des gens de Mykonos[37], leur ignorance et leur stupidité, voilà les principes constants de ta conduite. Ne remarques-tu pas que les gens d'ici sont loin d'être des Celtes, des Thraces ou des Illyriens ? Ne vois-tu pas combien il y a de boutiques dans cette ville ? Or tu t'es mis à dos les commerçants, en leur interdisant de vendre leurs marchandises aussi cher qu'ils le voudraient au peuple comme à nos hôtes de passage. Les commerçants, eux, incriminent les propriétaires terriens. Mais de ceux-là tu te fais encore des ennemis en les obligeant à se conformer au droit. D'un autre côté, les notables de la cité sont doublement pénalisés : avant ton arrivée, bien sûr, ils profitaient allègrement des avantages de leur double revenu, à la fois propriétaires et commerçants ; aujourd'hui ils sont, à juste titre, mécontents d'être frustrés de

36. Poète grec de la seconde moitié du VIe s., exilé et auteur d'amères *Élégies*.

37. Île des Cyclades.

ἀφῃρημένοι τὰς ἐπικερδείας. Ὁ δὲ τῶν Σύρων δῆμος οὐκ
ἔχων μεθύειν οὐδὲ κορδακίζειν ἄχθεται. Σὺ δὲ σῖτον
ἄφθονον παρέχων οἴει τρέφειν αὐτοὺς ἱκανῶς. Ἐκεῖνο δέ
σου χαρίεν, ὅτι οὐδὲ ὅπως ἰχθὺς ἐν τῇ πόλει πετραῖος
ἔσται σκοπεῖς· ἀλλὰ καὶ πρῴην μεμφομένου τινὸς ὡς οὔτε
ἰχθυδίων οὔτε ὀρνίθων πολλῶν εὑρισκομένων ἐν ἀγορᾷ,
τωθαστικὸν μάλα ἐγέλασας, ἄρτου καὶ οἴνου καὶ ἐλαίου τῇ c
σώφρονι πόλει δεῖν φάμενος, κρεῶν δὲ ἤδη τῇ τρυφώσῃ· τὸ
γὰρ καὶ ἰχθύων καὶ ὀρνιθίων λόγον ποιεῖσθαι πέρα τρυφῆς
εἶναι καὶ ἧς οὐδὲ τοῖς ἐν Ἰθάκῃ μνηστῆρσι μετῆν
ἀσελγείας. Ὅτῳ δὲ οὐκ ἐν ἡδονῇ κρέα ὕεια καὶ προβάτεια
σιτεῖσθαι, τῶν ὀσπρίων ἁπτόμενος εὖ πράξει. Ταῦτα ἐνό-
μισας Θρᾳξὶ νομοθετεῖν τοῖς σεαυτοῦ πολίταις ἢ τοῖς d
ἀναισθήτοις Γαλάταις, οἵ σε ἐπαιδοτρίβησαν καθ' ἡμῶν
πρίνινον, σφενδάμνινον, οὐκέτι μέντοι καὶ Μαραθωνομά-
χον, ἀλλ' Ἀχαρνέα μὲν ἐξ ἡμισείας, ἀηδῆ δὲ ἄνδρα παντά-
πασι καὶ ἄνθρωπον ἄχαριν. Οὐ κρεῖττον ἦν ὀδωδέναι μύρων
τὴν ἀγορὰν βαδίζοντός σου καὶ παῖδας ἡγεῖσθαι καλούς,
εἰς οὓς ἀποβλέψουσιν οἱ πολῖται, καὶ χοροὺς γυναικῶν,
ὁποῖοι παρ' ἡμῖν ἵστανται καθ' ἑκάστην ἡμέραν; » — ἐμὲ
δὲ ὑγρὸν βλέπειν ῥιπτοῦντα πανταχοῦ τὰ ὄμματα κατόπιν, 351
ὅπως ὑμῖν καλός, οὔτι τὴν ψυχήν, ἀλλὰ τὸ πρόσωπον
ὀφθείην, ὁ τρόπος οὐ συγχωρεῖ. Ἔστι μὲν γάρ, ὡς ὑμεῖς
κρίνετε, ψυχῆς ἀληθινὸν κάλλος ὑγρότης βίου· ἐμὲ δὲ ὁ

38. Les réformes de Julien: contrôle des prix et des fonctions administratives.

leurs deux sources de recettes[38]. Quant à la masse des Syriens qui ne peuvent ni s'enivrer, ni danser le cordax[39], ils sont furieux. Et pourtant, parce que tu leur fournis du blé largement, tu crois leur assurer une nourriture suffisante. Mais voici encore un de tes traits de finesse : tu te désintéresses même de ce qu'il y ait en ville des fruits de mer. Il y a mieux : comme on se plaignait tantôt de ne pas trouver au marché de la marée et des volailles en abondance, éclatant d'un rire fort sarcastique, tu as déclaré qu'une cité vertueuse n'avait besoin que de blé, de vin et d'huile, que réclamer de la viande c'était déjà trahir de la mollesse, que poser la question du poisson et des volailles, c'était plus que de la mollesse, mais un excès que même les prétendants de Pénélope à Ithaque ne connaissaient pas, que d'ailleurs, si l'on n'avait pas plaisir à manger du porc ou du mouton, en ne consommant que des légumes on se porterait à ravir. En légiférant de la sorte tu n'avais en tête que les Thraces, tes compatriotes, ou bien tes Gaulois incultes, ces rudes maîtres qui ont fait de toi, pour notre perte, "un homme de chêne, d'érable", non pas pourtant "un ancien de Marathon", mais un modèle réduit d'Acharnien[40], un homme parfaitement déplaisant, un ennuyeux personnage. Ne vaudrait-il pas mieux que notre place publique exhale, quand tu passes, l'odeur de tes parfums ? qu'il y ait, pour ouvrir ta marche, de superbes garçons qui attireraient les regards de tous les citoyens ? et de ces cortèges de femmes comme on en peut voir chez nous tous les jours ? » – Mais moi, ces regards langoureux, ces œillades que l'on décoche à tout venant en tournant la tête, ce souci de vous paraître beau, non par l'âme mais par le visage, mon caractère me l'interdit. Ce qui fait, à votre jugement, la vraie beauté de l'âme, c'est

39. Danse lascive.

40. Allusion à la pièce d'Aristophane, les *Acharniens*, où les tenants de la guerre s'opposent aux défenseurs de la paix.

παιδαγωγὸς ἐδίδασκεν εἰς γῆν βλέπειν ἐς διδασκάλου φοιτῶντα· θέατρον ⟨δ'⟩ οὐκ εἶδον πρὶν μᾶλλον κομῆσαι τῆς κεφαλῆς τὸ γένειον, ἐν ἐκείνῳ δὲ τῆς ἡλικίας ἰδίᾳ μὲν καὶ κατ' ἐμαυτὸν οὐδέποτε, τρίτον δὲ ἢ τέταρτον, εὖ ἴστε, b Πατρόκλῳ ἐπίηρα φέρων ἄρχων ἐπέταττεν, οἰκεῖος ὢν ἐμοὶ καὶ ἀναγκαῖος, ἐτύγχανον δὲ ἰδιώτης ἔτι.

21 Συγγνωτέον οὖν ἐμοί· δίδωμι γὰρ ὃν ἀντ' ἐμοῦ δικαιότερον μισήσετε, τὸν φιλαπεχθήμονα παιδαγωγόν, ὅς με καὶ τότε ἐλύπει μίαν ὁδὸν ἰέναι διδάσκων, καὶ νῦν αἴτιός ἐστί μοι τῆς πρὸς ὑμᾶς ἀπεχθείας, ἐνεργασάμενος τῇ ψυχῇ c καὶ ὥσπερ ἐντυπώσας ὅπερ ἐγὼ μὲν οὐκ ἐβουλόμην τότε, ὁ δὲ ὡς δή τι χαρίεν ποιῶν μάλα προθύμως ἐνετίθει, καλῶν οἶμαι σεμνότητα τὴν ἀγροικίαν καὶ σωφροσύνην τὴν ἀναισθησίαν, ἀνδρείαν δὲ τὸ μὴ εἴκειν ταῖς ἐπιθυμίαις μηδὲ εὐδαίμονα ταύτῃ γίνεσθαι. Ἔφη δέ μοι πολλάκις, εὖ ἴστε, μὰ Δία καὶ Μούσας, ὁ παιδαγωγὸς ἔτι παιδαρίῳ κομιδῇ· « Μή σε παραπειθέτω τὸ πλῆθος τῶν ἡλικιωτῶν ἐπὶ τὰ θέατρα φερόμενον ὀρεχθῆναί ποτε ταυτησὶ τῆς d θέας. Ἱπποδρομίας ἐπιθυμεῖς; ἔστι παρ' Ὁμήρῳ δεξιώτατα πεποιημένη· λαβὼν ἐπέξιθι τὸ βιβλίον. Τοὺς παντομίμους ἀκούεις ὀρχηστάς; ἔα χαίρειν αὐτούς· ἀνδρικώτερον παρὰ τοῖς Φαίαξιν ὀρχεῖται τὰ μειράκια· σὺ δὲ ἔχεις κιθαρῳδὸν τὸν Φήμιον καὶ ᾠδὸν τὸν Δημόδοκον. Ἔστι καὶ φυτὰ παρ' αὐτῷ πολλῷ τερπνότερα ἀκοῦσαι τῶν ὁρωμένων·

41. L'eunuque Mardonios, qui avait déjà été précepteur de Basilina, mère de Julien. Voir au § 22.
42. Xénophon, *Banquet*, IV, 28.
43. Constance II le nomme César en novembre 355.

une vie voluptueuse. Mais moi, mon précepteur[41] m'a appris à baisser les yeux vers le sol quand j'allais à l'école. De spectacle je n'en ai point vu avant d'avoir plus de barbe au menton que de cheveux sur la tête[42]. Même à cet âge-là d'ailleurs je n'y suis jamais allé par goût personnel et de mon propre mouvement, mais trois ou quatre fois seulement, sachez-le bien, et sur l'ordre du prince « qui voulait plaire à Patrocle ». Or c'était mon proche parent et je n'étais encore qu'un simple particulier[43].

21. Il convient donc d'être indulgent pour moi : je vous abandonne, en effet, celui que vous aurez bien raison de honnir à ma place, mon exécrable précepteur. C'est lui qui, à cette date, faisait déjà mon tourment, en m'enseignant à marcher droit ; lui qui, aujourd'hui encore, me vaut votre inimitié, pour avoir produit dans mon âme et, pour ainsi dire, imprimé ces principes que, pour ma part, je n'acceptais pas alors, mais que, dans la meilleure intention du monde, il s'appliquait de son mieux à déposer en moi : il appelait, ce me semble, la rusticité dignité, tempérance la rudesse, force d'âme la résistance aux passions et le refus d'aspirer au bonheur par cette voie. Or apprenez bien ce qu'il me disait souvent, ce précepteur, j'en atteste Zeus et les Muses, quand j'étais encore tout enfant : « Ne te laisse pas entraîner par tous ces camarades qui se ruent au théâtre à t'éprendre de ce genre de spectacle. Les courses de chevaux t'attirent ? Chez Homère il y en a une qui est dépeinte à la perfection[44]. Prends ce livre et lis-le jusqu'au bout. On te parle de danseurs pantomimes ? Laisse-les donc : il existe une danse plus virile chez les jeunes Phéaciens[45]. Tu as Phémios pour citharède et pour chanteur Démodocos[46]. Et il y a aussi chez Homère des arbres, dont la description est plus plaisante à l'oreille que l'image réelle à la vue :

44. *Iliade*, XXIII, 261 et suiv.
45. *Odyssée*, VIII, 246 et suiv.
46. *Odyssée*, I, 154 et VIII, 44.

Δήλῳ δή ποτε τοῖον Ἀπόλλωνος παρὰ βωμὸν
Φοίνικος νέον ἔρνος ἀνερχόμενον ἐνόησα· 352

καὶ ἡ δενδρήεσσα τῆς Καλυψοῦς νῆσος καὶ τὰ τῆς Κίρκης σπήλαια καὶ ὁ Ἀλκινόου κῆπος· εὖ ἴσθι, τούτων οὐδὲν ὄψει τερπνότερον. »

22 Ἆρα ποθεῖτε καὶ τοὔνομα ὑμῖν φράσω τοῦ παιδαγωγοῦ, καὶ ὅστις ὢν γένος ταῦτα ἔλεγε; βάρβαρος νὴ θεοὺς καὶ θεάς, Σκύθης μὲν τὸ γένος, ὁμώνυμος δὲ τοῦ τὸν Ξέρξην ἀναπείσαντος ἐπὶ τὴν Ἑλλάδα στρατεῦσαι, καὶ τὸ πολυ- b
θρύλλητον τοῦτο δὴ πρὸ μηνῶν μὲν εἴκοσι προσκυνούμενον ὄνομα, νυνὶ δὲ προφερόμενον ἀντ' ἀδικήματος καὶ ὀνείδους, εὐνοῦχος ἦν, ὑπὸ τῷ μῷ τεθραμμένος πάππῳ, τὴν μητέρα τὴν ἐμὴν ὅπως ἀγάγοι διὰ τῶν Ὁμήρου καὶ Ἡσιόδου ποιημάτων. Ἐπεὶ δὲ ἐκείνη πρῶτον ἐμὲ καὶ μόνον τεκοῦσα μησὶν ὕστερον ὀλίγοις ἐτελεύτησεν ὑπὸ τῆς ἀμήτορος παρθένου πολλῶν συμφορῶν ἐκκλαπεῖσα κόρη καὶ νέα, μετ' c
ἐνιαυτὸν ἕβδομον αὐτῷ παρεδόθην. Οὗτος ἐξ ἐκείνου ταῦτα ἀνέπεισεν ἄγων ἐς διδασκάλου μίαν ὁδόν· ἄλλην δὲ οὔτε αὐτὸς εἰδέναι θέλων οὔτε ἐμοὶ βαδίζειν ξυγχωρῶν, ἐποίησεν ἀπεχθάνεσθαί με πᾶσιν ὑμῖν.

23 Ἀλλ', εἰ δοκεῖ, σπεισώμεθα πρὸς αὐτὸν ἐγώ τε καὶ ὑμεῖς τὴν ἀπέχθειαν λύσαντες. Οὔτε γὰρ ἠπίστατο πρὸς ὑμᾶς ἀφιξόμενον οὔτ', εἰ τὰ μάλιστα φοιτᾶν μέλλοιμι, ὅτι καὶ d
ἄρχων προσεδόκα, καὶ τοσαύτην ἀρχήν, ὅσην ἔδωκαν οἱ θεοί, πολλὰ ὁμοῦ βιασάμενοι, πεισθητέ μοι, καὶ τὸν διδόντα

47. *Odyssée*, VI, 162 et suiv.
48. Soit Goth, version actualisée.
49. Mardonios donc, dans les *Histoires* d'Hérodote, VII, 5 et 6.

À Délos j'ai pu voir, près l'autel d'Apollon,
Le fut neuf d'un palmier élancé comme toi[47].

De même, l'île de Calypso et ses grands bois, l'antre de Circé et le jardin d'Alcinoos : non, sache-le bien, tu ne verras jamais rien de plus charmant que cela. »

22. Voulez-vous que je vous dise également le nom de ce précepteur et de quelle race il était pour tenir ce langage ? C'était un barbare, j'en atteste dieux et déesses ; il était Scythe[48] et il portait le même nom que celui qui engagea Xerxès à partir en campagne contre la Grèce[49]. C'était aussi – et ce terme si répandu et révéré il y a vingt mois est prononcé, à l'heure actuelle, comme une insulte, un outrage – c'était, dis-je, un eunuque. Il avait été élevé sous le patronage de mon grand-père pour diriger l'éducation de ma mère grâce aux poèmes d'Homère et d'Hésiode. Mais comme, après m'avoir mis au monde, moi son premier et seul enfant, celle-ci, quelques mois plus tard, était morte, soustraite dans la fleur de son adolescence, à maintes épreuves par la Vierge sans mère[50], à sept ans passés je fus remis à ce précepteur. Depuis lors, me faisant accroire ces vérités, il m'a conduit à l'école par le droit chemin. Et comme, les autres chemins, il se refusait à les connaître et ne me permettait pas de les suivre, c'est lui qui m'a valu d'être détesté de vous tous.

23. Cependant, si vous êtes d'accord, nous allons, vous et moi, conclure avec lui une trêve et mettre un terme à ces fâcheries. Car il ne savait pas que je viendrais chez vous et, à supposer, à tout prendre, qu'il ait prévu nos relations, il ne pouvait pas s'attendre à me voir arriver ici en souverain de cet immense empire que m'ont donné les dieux, imposant à la fois leur contrainte, croyez-moi,

50. Athéna.

καὶ τὸν δεχόμενον. Ἐῴκει γὰρ ἡμῶν οὐδέτερος ἐθέλειν οὔτε ὁ διδοὺς τὴν τιμὴν ἢ χάριν ἢ ὅ τι φίλον ὑμῖν αὐτὸ ὀνομάζειν δοῦναι, καὶ ὁ λαμβάνων, ὡς ἴσασιν οἱ θεοὶ πάντες, ἀληθῶς ἠρνεῖτο. Καὶ δὴ τοῦτο μὲν ὅπῃ τοῖς θεοῖς φίλον ἔχει τε καὶ ἕξει. Τυχὸν δὲ ὁ παιδαγωγὸς εἰ προέγνω
τοῦτο, πολλὴν ἂν ἐποιήσατο προμήθειαν, ὅπως ὅ τι 353
μάλιστα ὑμῖν φανείην κεχαρισμένος. « Εἶτα οὐκ ἔξεστιν ἀποθέσθαι νῦν καὶ μεταμαθεῖν εἴ τι πρότερον ἡμῖν ἄγροικον ἦθος ἐνετράφη ; » Ἔθος, φασί, δευτέρη φύσις· φύσει μάχεσθαι δ' ἔργον, ἐτῶν τριάκοντα μελέτην ἀφεῖναι παγχάλεπον, ἄλλως τε καὶ μετὰ τοσαύτης ἐγγενομένην τῆς χαλεπότητος· ἐμοὶ δὲ ἤδη πλείω τούτων ἐστίν.

24 « Εἶέν· ἀλλὰ τί παθὼν αὐτὸς ἐπιχειρεῖς ἀκροᾶσθαι b
περὶ τῶν συμβολαίων καὶ δικάζειν ; οὐ γὰρ δὴ καὶ τοῦτό σε ὁ παιδαγωγὸς ἐδίδασκεν, ὃς οὐδὲ εἰ ἄρξεις ἠπίστατο. » Δεινὸς δὲ ἀνέπεισε γέρων, ὃν καὶ ὑμεῖς ὡς ὄντα μάλιστα αἰτιώτατον τῶν ἐμῶν ἐπιτηδευμάτων ὀρθῶς ποιοῦντες ξυλλοιδορεῖτέ μοι, καὶ τοῦτον δέ, εὖ ἴστε, ὑπ' ἄλλων ἐξηπατημένον. Ὀνόματα ἥκει πρὸς ὑμᾶς πολλάκις κωμῳδούμενα, Πλάτων καὶ Σωκράτης καὶ Ἀριστοτέλης καὶ
Θεόφραστος. Ἐκείνοις ὁ γέρων οὗτος πεισθεὶς ὑπὸ ἀφρο- c
σύνης, ἔπειτα ἐμὲ νέον εὑρών, ἐραστὴν λόγων, ἀνέπεισεν ὡς, εἰ τὰ πάντα ἐκείνων ζηλωτὴς γενοίμην, ἀμείνων ἔσομαι τῶν μὲν ἄλλων ἀνθρώπων ἴσως οὐδενός (οὐ γὰρ εἶναί μοι

51. Constance II quittait l'Orient pour mener campagne contre Julien, proclamé Auguste en Gaule, quand il tomba mortellement malade. Pour mettre fin à la guerre civile, il aurait désigné officiellement Julien comme son successeur.

à celui qui l'a cédé comme à moi qui l'ai reçu[51]. Le fait est qu'aucune des deux parties ne fut consentante : le donateur de cette charge, faveur ou autre nom que vous voudrez, mais aussi le preneur qui – tous les dieux le savent – refusait bien sincèrement. Mais il en a été selon le bon plaisir des dieux et, dans l'avenir, il en ira de même. Il se peut d'ailleurs que, si mon précepteur avait prévu la chose, il aurait pris grand soin de me présenter à vous sous les dehors les plus aimables. « Eh quoi ! allez-vous suggérer, ne puis-je pas, à l'heure présente, renier mon passé et reprendre mon éducation, s'il est vrai que la précédente a développé en moi une nature de rustre ? » – Non, car l'habitude, dit-on, est une seconde nature. Et lutter contre la nature, c'est une affaire. Renoncer à une pratique de trente ans, c'est bien difficile, surtout quand on l'a acquise avec toute cette peine. Or j'ai dès maintenant cet âge et plus[52].

24. « Entendu. Mais qu'est-ce qui te prend d'instruire et de juger nos contrats d'affaires ? Cela, bien sûr, ton précepteur ne te l'a pas appris, lui qui ne savait même pas que tu serais empereur. » – Non, mais c'est un terrible vieillard qui m'a persuadé d'agir ainsi[53], et comme il est le principal responsable de mes façons de vivre, vous ferez bien de le comprendre dans les injures que vous m'adressez. D'ailleurs, sachez-le, d'autres l'avaient, lui aussi, abusé. Certains noms sont venus jusqu'à vous, noms que la comédie tourne souvent en ridicule : Platon, Socrate, Aristote, Théophraste. À leurs leçons ce vieillard a fait crédit par légèreté de cervelle ; et trouvant ma jeunesse éprise de discussions philosophiques, il m'a convaincu que si je m'attachais à imiter en tous points ces modèles, j'arriverais à dépasser non pas, peut-être, tel des autres hommes – je n'ai pas à rivaliser avec eux – mais, très

52. Trente-deux ans.
53. Maxime d'Éphèse ou Édesius.

πρὸς αὐτοὺς τὴν ἅμιλλαν), ἐμαυτοῦ δὲ πάντως. Ἐγὼ δὲ
(οὐ γὰρ εἶχον ὅ τι ποιῶ) πεισθεὶς οὐκέτι δύναμαι μετα-
θέσθαι, καὶ ταῦτα ἐθέλων πολλάκις, ἀλλ' ὀνειδίζω μὲν d
ἐμαυτῷ, διότι μὴ ποιῶ πᾶσαν ἄδειαν ἁπάντων ἀδικημάτων·
ὕπεισι δέ με ἐκ τῶν Πλάτωνος ὅσα ὁ Ἀθηναῖος διεξῆλθε
ξένος.

25 « Τίμιος μὲν δὴ καὶ ὁ μηδὲν ἀδικῶν, ὁ δὲ μηδ' ἐπιτρέ-
πων τοῖς ἀδικοῦσιν ἀδικεῖν πλέον ἢ διπλασίας τιμῆς ἄξιος
ἐκείνου· ὁ μὲν γὰρ ἑνός, ὁ δὲ πολλῶν ἀντάξιος ἑτέρων,
μηνύων τὴν τῶν ἄλλων τοῖς ἄρχουσιν ἀδικίαν. Ὁ δὲ καὶ
συγκολάζων εἰς δύναμιν τοῖς ἄρχουσιν, ὁ μέγας ἀνὴρ ἐν 354
πόλει καὶ τέλειος οὗτος ἀναγορευέσθω νικηφόρος ἀρετῆς.
Τὸν αὐτὸν δὴ τοῦτον ἔπαινον καὶ περὶ σωφροσύνης χρὴ
λέγειν καὶ περὶ φρονήσεως καὶ ὅσα ἄλλα ἀγαθά τις
κέκτηται, δυνατὰ μὴ μόνον αὐτὸν ἔχειν, ἀλλὰ καὶ ἄλλοις
μεταδιδόναι. » Ταῦτα ἐδίδασκέ με νομίζων ἰδιώτην ἔσεσθαι·
καὶ γὰρ οὐδὲ προέγνω ταύτην ἐκ Διός μοι τὴν τύχην b
ἐσομένην, εἰς ἣν νῦν ὁ θεὸς φέρων κατέστησεν. Ἐγὼ δὲ
αἰσχυνόμενος ἄρχων ἰδιώτου φαυλότερος εἶναι, λέληθα
ἐμαυτόν, οὐδὲν δέον, ὑμῖν τῆς ἀγροικίας μεταδιδοὺς τῆς
ἐμαυτοῦ. Καί με ἕτερος τῶν Πλάτωνος νόμων ὑπομνησθέντα
ἐμαυτοῦ πεποίηκεν ἀπεχθάνεσθαι πρὸς ὑμᾶς, ὅς φησι δεῖν
αἰδῶ καὶ σωφροσύνην ἀσκεῖν τοὺς ἄρχοντας καὶ τοὺς
πρεσβυτέρους, ἵνα τὰ πλήθη πρὸς αὐτοὺς ἀποβλέποντα c

certainement, moi-même. Personnellement, comme dans mon embarras je lui ai fait confiance, je ne peux plus changer, malgré le désir que j'en ai souvent. Oui, je me reproche souvent à moi-même de ne pas accorder une totale impunité à toutes les injustices. Mais alors il me vient à l'esprit cette page de Platon, dans laquelle l'hôte athénien précise sa pensée.

25. « Honorable est celui qui ne commet pas la moindre injustice. Pourtant celui qui ne permet pas que les hommes injustes pratiquent l'injustice, mérite deux fois autant et plus d'honneurs que le premier : l'un n'est juste que pour un seul, au lieu que l'autre l'est aussi pour un grand nombre, en dénonçant l'injustice des autres aux magistrats. Quant à celui qui collabore de son mieux à l'action répressive des magistrats, je veux qu'on le proclame grand citoyen de la cité et champion accompli de vertu. Et ce même éloge nous devons encore le prononcer quand nous rencontrons la tempérance, la prudence, comme tous les autres mérites qu'un homme a su acquérir et qu'on peut non seulement posséder par soi-même, mais encore communiquer à autrui.[54] » Voilà ce que mon maître m'a enseigné, croyant que je resterais simple citoyen. Il ne pouvait pas prévoir le sort que Zeus devait me réserver, la place où la volonté divine m'a aujourd'hui installé. Quant à moi qui, par scrupule, n'ai pas voulu, devenu prince, valoir moins qu'un simple citoyen, sans y prendre garde, fort mal à propos je vous ai fait bénéficier de ma rusticité. Au surplus, une autre loi de Platon, en me donnant à réfléchir sur moi-même, m'a valu votre inimitié. C'est la loi qui fait une obligation aux princes et aux hommes d'âge d'observer, dans leur conduite, le respect d'autrui et la maîtrise de soi, afin que les peuples qui tiennent les yeux fixés sur eux se règlent sur ces modèles[55]. Aussi bien,

54. *Lois*, V, 730 D.
55. *Lois*, V, 729 B.

κοσμῆται. Μόνῳ οὖν μοι, μᾶλλον δὲ ξὺν ὀλίγοις ἐπιτη-
δεύοντι νῦν τοῦτο πρὸς θάτερα περιέστη καὶ γέγονεν οὐκ
ἀπεικότως ἐν ὀνείδει. Ἑπτὰ γάρ ἐσμεν οἵδε παρ' ὑμῖν
ξένοι νεήλυδες, εἷς δὲ καὶ πολίτης ὑμέτερος, Ἑρμῇ φίλος
καὶ ἐμοί, λόγων ἀγαθὸς δημιουργός, οἷς οὐδέν ἐστι πρός
τινα συμβόλαιον, οὐδὲ ἄλλην ὁδὸν βαδίζομεν ⟨ἢ⟩ πρὸς τὰ
τῶν θεῶν ἱερά, καὶ ὀλιγάκις, οὐ πάντες, εἰς τὰ θέατρα· d
πεποιημένοι τὸ δυσκλεέστατον τῶν ἔργων καὶ ἐπονείδιστον
τοῦ βίου τέλος (ἐπιτρέψουσί μοι πάντως οἱ τῶν Ἑλλήνων
σοφοὶ φάναι τι τῶν παρ' ἡμῖν ἐπιπολαζόντων, οὐ γὰρ ἔχω
πῶς ἂν αὐτὸ μᾶλλον ἐνδειξαίμην), ἐπὶ τῆς μεσιτείας
αὐτοὺς ἐτάξαμεν, οὕτω περὶ πολλοῦ ποιούμεθα τὸ προ-
σκρούειν ὑμῖν καὶ ἀπεχθάνεσθαι, δέον ἀρέσκειν καὶ θω-
πεύειν.

26 « Ὁ δεῖνα ἐβιάσατο τὸν δεῖνα, » τί τοῦτο, ὦ μῶρε, πρὸς
σέ; κοινωνεῖν ἐξὸν μετ' εὐνοίας τῶν ἀδικημάτων, ἀφεὶς τὸ
κέρδος, ἔχθραν ἐπαναιρῇ, καὶ τοῦτο ποιῶν ὀρθῶς οἴει 355
ποιεῖν καὶ φρονεῖν ὑπὲρ τῶν σεαυτοῦ; λογίσασθαι ἐχρῆν
ὅτι τῶν μὲν ἀδικημάτων οὐδεὶς αἰτιᾶται τοὺς ἄρχοντας,
ἀλλὰ τὸν ἀδικήσαντα, ὁ δὲ ἀδικῶν εἶτα εἰργόμενος, ἀφεὶς
μέμφεσθαι τὸν ἀδικούμενον, εἰς τοὺς ἄρχοντας τρέπει τὸ
ἄχθος. Ἐξὸν οὖν ὑπὸ τῆς εὐλογιστίας ταύτης ἀπέχεσθαι
μὲν τοῦ τὰ δίκαια ποιεῖν ἀναγκάζειν, ἐπιτρέψαι δὲ
ἑκάστῳ πράττειν ὅ τι ἂν ἐθέλῃ καὶ δυνατὸς ᾖ (τὸ γὰρ τῆς b
πόλεως ἦθος οἶμαι τοιοῦτόν ἐστιν, ἐλεύθερον λίαν), σὺ δὲ
οὐ ξυνείς, ἄρχεσθαι αὐτοὺς μετὰ φρονήσεως ἀξιοῖς; οὐδὲ

56. Le préfet du prétoire Saloustios, le maître des offices Anatolius, le médecin Oribase, les philosophes Maxime d'Éphèse et Priscus, le rhéteur Himérius.

comme je suis seul ou plutôt que nous ne sommes qu'une poignée à pratiquer, à l'heure actuelle, cet idéal, les choses ont tourné autrement que je ne pensais et elles nous ont valu un blâme bien justifié. Car nous ne sommes guère que sept et nous venons d'arriver chez vous en étrangers[56]. Ajoutez pourtant à ce nombre un de vos compatriotes, cher à Hermès comme il m'est cher et maître d'éloquence accompli[57]. Or nous n'avons de rapports d'affaires avec personne ; nous ne suivons qu'une seule route : celle qui conduit aux temples des dieux, et il est rare – encore n'est-ce pas le cas de tous – que l'on se rende au théâtre. Et, comme nous avons fait de la tâche la plus discréditée, la plus décriée « la fin assignée à notre existence » – les sages de la Grèce me permettront bien de reprendre ici une de nos expressions familières, d'autant que je ne saurais mieux exprimer ma pensée –, nous nous sommes posés chez vous en médiateurs, tant nous aimons entrer en conflit avec vous et mériter votre antipathie, alors qu'il faudrait vous complaire et vous cajoler.

26. « X a brimé Z. En quoi, pauvre sot, cela te concerne-t-il ? Tu pourrais gagner des sympathies en t'associant à ces injustices : or, renonçant à tout profit, tu provoques la rancune ? Encore penses-tu, ce faisant, bien agir et entendre tes intérêts. Il aurait fallu calculer que les gens offensés, loin d'accuser les gouvernants, en veulent au contraire à leur offenseur, tandis que l'offenseur, mis hors d'état de nuire, renonce à s'en prendre à sa victime pour tourner sa haine contre les gouvernants. Aussi, en vertu de ce sage calcul, tu aurais dû renoncer à imposer la justice par la force, permettant à chacun d'en user selon son vouloir et son pouvoir. (Tel est, n'est-il pas vrai, l'humeur de cette cité d'une absolue indépendance.) Faute de comprendre la situation, tu veux les gouverner au nom de la sagesse ? N'as-tu pas observé combien est puissant cet

57. Libanius, rhéteur à Antioche.

ἀπέβλεψας ὅση καὶ μέχρι τῶν ὄνων ἐστὶν ἐλευθερία παρ'
αὐτοῖς καὶ τῶν καμήλων; ἄγουσί τοι καὶ ταύτας οἱ μισθω-
τοὶ διὰ τῶν στοῶν ὥσπερ τὰς νύμφας· οἱ γὰρ ὑπαίθριοι
στενωποὶ καὶ αἱ πλατεῖαι τῶν ὁδῶν οὐκ ἐπὶ τούτῳ δήπου
πεποίηνται, τῷ χρῆσθαι αὐταῖς τοὺς κανθηλίους, ἀλλ'
ἐκεῖναι μὲν αὐτὸ δὴ τοῦτο κόσμου τινὸς ἕνεκα πρόκεινται
καὶ πολυτελείας, χρῆσθαι δὲ ὑπ' ἐλευθερίας οἱ ὄνοι βού- c
λονται ταῖς στοαῖς, εἴργει δὲ αὐτοὺς οὐδεὶς οὐδενός, ἵνα
μὴ τὴν ἐλευθερίαν ἀφέληται· οὕτως ἡ πόλις ἐστὶν ἐλευθέρα.
Σὺ δὲ ἀξιοῖς τοὺς ἐν αὐτῇ νεανίσκους ἄγειν ἡσυχίαν καὶ
μάλιστα μὲν φρονεῖν ὅ τι σοι φίλον, εἰ δὲ μή, φθέγγεσθαι
ὅσων ἂν ἡδέως ἀκούσαις. Οἱ δὲ ὑπ' ἐλευθερίας εἰώθασι
κωμάζειν, ἀεὶ μὲν ἐπιεικῶς αὐτὸ ποιοῦντες, ἐν δὲ ταῖς
ἑορταῖς πλέον. »

27 Ἔδωκάν ποτε τῶν τοιούτων σκωμμάτων Ῥωμαίοις d
Ταραντῖνοι δίκας, ὅτι μεθύοντες ἐν τοῖς Διονυσίοις ὕβρι-
σαν αὐτῶν τὴν πρεσβείαν. Ὑμεῖς δέ ἐστε τῶν Ταραντίνων
τὰ πάντα εὐδαιμονέστεροι, ἀντὶ μὲν ὀλίγων ἡμερῶν ὅλον
εὐπαθοῦντες ἐνιαυτόν, ἀντὶ δὲ τῶν ξένων πρέσβεων εἰς
αὐτοὺς ἐξυβρίζοντες τοὺς ἄρχοντας καὶ τούτων εἰς τὰς
ἐπὶ τοῦ γενείου τρίχας καὶ τὰ ἐν τοῖς νομίσμασι χαράγματα.
Εὖ γε, ὦ πολῖται σώφρονες, οἵ τε παίζοντες τὰ τοιαῦτα 356
καὶ οἱ τῶν παιζόντων ἀποδεχόμενοι καὶ ἀπολαύοντες.
Δῆλον γάρ, ὅτι τοῖς μὲν ἡδονὴν παρέχει τὸ λέγειν, τοὺς δὲ
τὸ ἀκροᾶσθαι τῶν τοιούτων σκωμμάτων εὐφραίνει. Ταύτης
ὑμῖν ἐγὼ τῆς ὁμονοίας συνήδομαι, καὶ εὖ γε ποιεῖτε μία δὴ

58. Allusion reprise à Platon (*République*, VIII, 563 c), s'appliquant ici au pouvoir des femmes comme à l'errance des animaux dans la ville…

esprit d'indépendance, qui atteint même chez eux les ânesses et les chamelles[58] ? Oui, ceux qui louent ces montures les conduisent à travers les portiques comme des épousées. Les allées découvertes, assurément, et les larges avenues ne sont pas faites pour cet usage : le service des ânes de bât. Elles répondent essentiellement, semble-t-il, à un souci d'ornementation et de faste. Mais comme l'esprit d'indépendance inspire aux ânes d'utiliser ces portiques, nul ne s'oppose jamais à eux, pour ne pas leur ôter la liberté. Voilà bien la façon, dont cette cité se veut libre. Et tu prétends, toi, que les petits jeunes gens demeurent ici bien tranquilles, qu'ils partagent très exactement tes vues ou, du moins, qu'ils ne tiennent que des propos agréables à tes oreilles. Mais c'est par esprit d'indépendance qu'ils ont pour habitude de faire les fous : à tout moment ils y réussissent assez bien, mieux encore pourtant aux jours de fête. »

27. Jadis des moqueries de cet ordre valurent aux gens de Tarente le châtiment des Romains : dans l'ivresse des bacchanales ils avaient insulté leurs ambassadeurs[59]. Mais vous êtes, vous autres, plus favorisés en tous points que les Tarentins : au lieu de ne disposer que de quelques jours, vous avez toute l'année pour mener joyeuse vie ; au lieu d'avoir affaire à des ambassadeurs étrangers, ce sont vos princes eux-mêmes que vous brocardez, riant des poils de leur menton ou des titres gravés sur leurs monnaies. Bravo, citoyens bien sages, que vous vous livriez vous-mêmes à ces facéties ou seulement que vous encouragiez ou appréciiez leurs auteurs ! Car, bien évidemment, le plaisir des uns, c'est de faire des mots, tandis que les autres s'enchantent à écouter ces lazzis. Pour ma part, cette unanimité me ravit. C'est fort bien fait à vous que de ne former sur ce point qu'une seule ville. Il n'est, assurément, ni bon

59. Denys d'Halicarnasse, *Antiq. Rom.*, Exc. 2339 et suiv. ; Appien, *Histoire Samn.*, III, 7.

πόλις ὄντες τὰ τοιαῦτα, ὡς ἐκεῖνό γε οὐδαμοῦ σπουδαῖον
οὐδὲ ζηλωτὸν εἴργειν καὶ κολάζειν τῶν νέων τὸ ἀκόλαστον. b
Παραιρεῖσθαι γάρ ἐστι καὶ ἀποθραύειν τῆς ἐλευθερίας τὸ
κεφάλαιον, εἴ τις ἀφέλοιτο τοῦ λέγειν καὶ πράττειν ὅ τι
βούλονται τοὺς ἀνθρώπους. Ὀρθῶς οὖν ὑμεῖς τοῦτο
εἰδότες, ὅτι δεῖ τὰ πάντα ἐλευθέρους εἶναι, πρῶτον ἐπε-
τρέψατε ταῖς γυναιξὶν ἄρχειν αὐτῶν, ἵνα ὑμῖν ὦσι λίαν
ἐλεύθεραι καὶ ἀκόλαστοι, εἶτα ἐκείναις ξυνεχωρήσατε
ἀνάγειν τὰ παιδία, μή ποτε ὑμῖν ἀρχῆς πειρώμενα τραχυ- c
τέρας, ἔπειτα ἀποφανθῇ δοῦλα, καὶ γενόμενα μειράκια
πρῶτον αἰδεῖσθαι διδαχθῇ τοὺς πρεσβυτέρους, ὑπὸ δὲ τῆς
οὕτω κακῆς συνηθείας εὐλαβέστερα γένηται πρὸς τοὺς
ἄρχοντας, καὶ τέλος οὐκ εἰς ἄνδρας, ἀλλ' εἰς ἀνδράποδα
τελέσαντες καὶ γενόμενοι σώφρονες καὶ ἐπιεικεῖς καὶ κό-
σμιοι λάθωσι διαφθαρέντες παντάπασι. Τί οὖν αἱ γυναῖκες;
ἐπὶ τὰ σφέτερα σεβάσματα ἄγουσιν αὐτὰ δι' ἡδονῆς, ὃ δὴ d
μακαριώτατον εἶναι φαίνεται καὶ πολυτίμητον οὐκ ἀνθρώ-
ποις μόνον, ἀλλὰ καὶ θηρίοις. Ἔνθεν οἶμαι συμβαίνει μάλα
ὑμῖν εὐδαίμοσιν εἶναι πᾶσαν ἀρνουμένοις δουλείαν, ἀπὸ
τῆς εἰς τοὺς θεοὺς πρῶτον, εἶτα τοὺς νόμους καὶ τρίτον
τοὺς νομοφύλακας ἡμᾶς. Ἄτοποί τε ἂν εἴημεν ἡμεῖς, εἰ
τῶν θεῶν περιορώντων οὕτως ἐλευθέραν τὴν πόλιν καὶ οὐκ
ἐπεξιόντων, ἀγανακτοίημεν καὶ χαλεπαίνοιμεν. Εὖ γὰρ
ἴστε ὅτι καὶ ταύτης ἡμῖν ἐκοινώνησαν οἱ θεοὶ τῆς ἀτιμίας 357
παρὰ τῇ πόλει.

28 « Τὸ Χῖ, » φασίν, « οὐδὲν ἠδίκησε τὴν πόλιν οὐδὲ τὸ
Κάππα. » Τί μὲν ἔστι τοῦτο τῆς ὑμετέρας σοφίας τὸ
αἴνιγμα ξυνεῖναι χαλεπόν, τυχόντες δὲ ἡμεῖς ἐξηγητῶν
ἀπὸ τῆς ὑμετέρας πόλεως ἐδιδάχθημεν ἀρχὰς ὀνομάτων
εἶναι τὰ γράμματα, δηλοῦν δὲ ἐθέλειν τὸ μὲν Χριστόν, τὸ
δὲ Κωνστάντιον. Ἀνέχεσθε οὖν μου λέγοντος μετὰ παρ- b

ni recommandable de réfréner et de corriger le laisser-aller de la jeunesse. On brise, on met en miettes ce qui constitue l'essence de la liberté, si l'on retire aux gens le droit de parler et d'agir à leur guise. Justement conscients de ce fait qu'il faut être libres en toutes choses, vous avez commencé par autoriser vos épouses à se gouverner elles-mêmes, afin qu'elles soient à vos yeux parfaitement libres, affranchies de toute contrainte. Là-dessus vous leur avez abandonné l'éducation des tout-petits, craignant peut-être que l'expérience de votre autorité trop rude ne développe chez ces enfants des âmes serviles ; que, parvenus à l'adolescence et d'abord instruits à respecter les vieillards, une aussi fâcheuse habitude ne les rende trop timorés en face des magistrats, et que l'on obtienne, au bout du compte, non des hommes mais des esclaves dont la vertu, la modestie et la réserve auraient à leur insu consommé sans recours la perte. Que font donc vos femmes ? Elles les engagent à révérer ce qu'elles révèrent elles-mêmes, et cela par les voies du plaisir, en quoi réside, bien sûr, le bonheur suprême, la chose appréciée entre toutes non seulement des hommes, mais aussi des animaux. Voilà, je pense, la raison de votre parfaite félicité : vous refusez toute soumission, que ce soit à l'égard des dieux, puis à l'égard des lois et, en troisième lieu, à l'égard de nous-même qui sommes les gardiens de ces lois. Aussi serait-ce, pour notre part, manquer de bon sens si, à l'opposé des dieux qui méprisent une ville si libre plutôt que de se venger d'elle, nous nous abandonnions à la colère et au dépit. Car vous le savez parfaitement : cette défaveur dans laquelle nous tient votre cité, les dieux aussi la partagent.

28. « Le Khi, dit-on, ni le Kappa n'ont jamais fait tort à la ville. » Le sens de cette énigme, due à votre finesse, est difficile à comprendre. Mais j'ai trouvé des exégètes parmi vos concitoyens : j'ai appris que ces lettres étaient les initiales de deux noms, la première (X) voulant dire Christ, la seconde (K) Constance. Supportez donc que je

ρησίας. Ἓν μόνον ὑμᾶς ὁ Κωνστάντιος ἠδίκησεν, ὅτι με Καίσαρα ποιήσας οὐκ ἀπέκτεινεν· ὡς τά γε ἄλλα ὑμῖν μόνοις ἐκ πάντων Ῥωμαίων πολλῶν δοῖεν οἱ θεοὶ τῶν Κωνσταντίων πειραθῆναι, μᾶλλον δὲ τῶν ἐκείνου φίλων τῆς πλεονεξίας. Ἐμοὶ γὰρ ὁ ἀνὴρ καὶ ἀνεψιὸς ἐγένετο καὶ φίλος. Ἐπεὶ δὲ πρὸ τῆς φιλίας εἵλετο τὴν ἔχθραν, εἶτα ἡμῖν οἱ θεοὶ τὸν πρὸς ἀλλήλους ἀγῶνα λίαν ἐβράβευσαν φιλανθρώπως, ἐγενόμην αὐτῷ πιστότερος φίλος ἢ c
προσεδόκησεν ἕξειν με πρὶν ἐχθρὸν γενέσθαι. Τί οὖν οἴεσθέ με τοῖς ἐκείνου λυπεῖν ἐγκωμίοις, ὃς ἄχθομαι τοῖς λοιδορουμένοις αὐτῷ; Χριστὸν δὲ ἀγαπῶντες ἔχετε πολιοῦχον ἀντὶ τοῦ Διὸς καὶ τοῦ Δαφναίου καὶ τῆς Καλλιόπης, ἣ τὸ σόφισμα ὑμῶν ἀπεγύμνωσεν. Ἐμισηνοὶ Χριστὸν ἐπόθουν οἱ πῦρ ἐμβαλόντες τοῖς τάφοις τῶν Γαλιλαίων; ἐλύπησα δὲ ἐγὼ τίνας Ἐμισηνῶν πώποτε; ὑμῶν μέντοι d
πολλούς καὶ ὀλίγου δέω φάναι πάντας, τὴν βουλήν, τοὺς εὐπόρους, τὸν δῆμον. Ὁ μὲν γὰρ δῆμος ἄχθεταί μοι τῷ πλείστῳ μέρει, μᾶλλον δ' ἅπας ἀθεότητα προελόμενος, ὅτι τοῖς πατρίοις ὁρᾷ τῆς ἁγιστείας θεσμοῖς προσκείμενον, οἱ δὲ δυνατοὶ κωλυόμενοι πολλοῦ πάντα πωλεῖν ἀργυρίου, πάντες δὲ ὑπὲρ τῶν ὀρχηστῶν καὶ τῶν θεάτρων, οὐχ ὅτι τοὺς ἄλλους ἀποστερῶ τούτων, ἀλλ' ὅτι 358
μέλει μοι τῶν τοιούτων ἧττον ἢ τῶν ἐν τοῖς τέλμασι βατράχων. Εἶτα οὐκ εἰκότως ἐμαυτοῦ κατηγορῶ τοσαύτας ἀπεχθείας λαβὰς παρασχόντος;

60. Où se trouvait le temple d'Apollon, incendié le 22 octobre 362.
61. Patronne d'Antioche.

vous parle avec franchise. Constance n'a eu à votre égard qu'un seul tort : celui de ne pas m'avoir supprimé après m'avoir fait César. Puissent du reste les dieux vous accorder, à vous seuls entre tous les Romains, de faire l'épreuve de plusieurs Constance ou plutôt de la cupidité des familiers de ce prince ! Ce grand homme a été mon cousin et mon ami, et quoique, avant cette amitié il eût choisi la haine, comme ensuite les dieux arbitrèrent avec une extrême bonté le conflit qui nous opposait l'un à l'autre, il trouva en moi un ami dont la fidélité dépassa tout ce à quoi il avait pu s'attendre avant d'être mon ennemi. Aussi comment pouvez-vous croire que je sois affecté quand j'entends vanter ses mérites, moi qui me fâche contre ceux qui l'insultent ? D'un autre côté, vous aimez Christ ; vous avez fait de lui le protecteur de votre ville à la place de Zeus, du dieu de Daphné[60] et de Calliope[61] qui a mis à nu votre cautèle... Les gens d'Émèse, au contraire, ont-ils été les zélateurs de Christ, eux qui ont mis le feu aux tombeaux des Galiléens[62] ? Or, ai-je jamais causé le moindre ennui à quelqu'un d'Émèse ? Ce n'est pas le cas, j'en conviens, pour bon nombre parmi vous, pour tous même, devrais-je dire, sénateurs, riches, prolétaires. Si ces derniers, en effet, qui, à une énorme majorité sinon dans leur ensemble, font profession d'athéisme[63], m'en veulent, c'est parce que je suis resté attaché aux préceptes de la religion traditionnelle ; les riches, c'est parce que je leur interdis de tout vendre à prix d'or. Quant à l'ensemble de la population, c'est parce qu'elle tient à ses danseurs et à ses théâtres, non que je l'en prive assurément, mais parce que je me soucie moins de ces plaisirs que des grenouilles des marais. Là-dessus n'ai-je pas raison de m'accuser moi-même, quand j'offre tant de prise à la haine ?

62. Passage à la logique obscure. Julien n'a pas réprimé les violences antichrétiennes d'Émèse ni d'autres villes se déclarant fidèles au paganisme.

63. C'est-à-dire de christianisme.

29 Ἀλλὰ ὁ Ῥωμαῖος Κάτων, ὅπως μὲν ἔχων πώγωνος
οὐκ οἶδα, παρ' ὁντινοῦν δὲ τῶν ἐπὶ σωφροσύνῃ καὶ μεγαλο-
ψυχίᾳ καὶ τὸ μέγιστον ἀνδρείᾳ μέγα φρονούντων ἄξιος
ἐπαινεῖσθαι, προσιὼν τῇδε τῇ πολυανθρώπῳ καὶ τρυφερᾷ
καὶ πλουσίᾳ πόλει, τοὺς ἐφήβους ἰδὼν ἐν τῷ προαστείῳ b
μετὰ τῶν ἀρχόντων ἐσταλμένους ὡς ἐπί τινα δορυφορίαν,
ἐνόμισεν αὐτοῦ χάριν ὑμῶν τοὺς προγόνους τὴν παρα-
σκευὴν πᾶσαν πεποιῆσθαι· καὶ θᾶσσον ἀποβὰς τοῦ ἵππου,
προῆγεν ἅμα καὶ πρὸς τοὺς προλαβόντας τῶν φίλων
δυσχεραίνων ὡς μηνυτὰς γενομένους αὐτοῖς, ὅτι Κάτων
προσάγει, καὶ ἀναπείσαντας ἐκδραμεῖν. Ὄντος δὲ ἐν
τοιούτοις αὐτοῦ καὶ διαποροῦντος ἠρέμα καὶ ἐρυθριῶντος,
ὁ γυμνασίαρχος προσδραμών· « Ὦ ξένε, » ἔφη, « ποῦ c
Δημήτριος; » ἦν δὲ οὗτος ἀπελεύθερος Πομπηίου, κεκτημέ-
νος οὐσίαν πολλὴν πάνυ· μέτρον δὲ αὐτῆς εἰ ποθεῖτε
μαθεῖν (οἶμαι γὰρ ὑμᾶς ἐκ πάντων τῶν λεγομένων πρὸς
ταύτην μάλιστα ὡρμῆσθαι τὴν ἀκοήν), ἐγὼ τὸν εἰπόντα
φράσω. Δαμοφίλῳ τῷ Βιθυνῷ πεποίηται συγγράμματα τοι-
αῦτα, ἐν οἷς δρεπόμενος ἐκ τῶν πολλῶν εἰργάσατο d
λόγους ἡδίστους νέῳ φιληκόῳ καὶ πρεσβυτέρῳ· φιλεῖ γὰρ
τὸ γῆρας ἐπανάγειν αὖθις εἰς τὴν τῶν νέων φιληκοΐαν
τοὺς ἀφηλικεστέρους· ὅθεν οἶμαι συμβαίνει νέους καὶ
πρεσβύτας ἐξ ἴσης εἶναι φιλομύθους. Εἶέν. Ὁ δὲ δὴ
Κάτων ὅπως ἀπήντησε τῷ γυμνασιάρχῳ βούλεσθε φράσω;
μή με λοιδορεῖν ὑπολάβητε τὴν πόλιν· οὐκ ἔστιν ὁ λόγος
ἐμός. Εἴ τις ἀφῖκται περιφερομένη καὶ εἰς ὑμᾶς ἀκοὴ 359
Χαιρωνέως ἀνδρὸς ἐκ τοῦ φαύλου γένους, ὃ δὴ λέγεται
παρὰ τῶν ἀλαζόνων φιλόσοφον· οὗ δὴ καὶ αὐτὸς οὐκ

64. Plutarque, *Caton le Jeune*, 13 ; *Pompée*, 40.
65. « Chef des mouvements de jeunesse » (Lacombrade).

29. Le Romain Caton – comment était sa barbe, je l'ignore – mérite, à mes yeux, qu'on le loue à l'égal de quiconque peut se prévaloir de vertu, de grandeur d'âme et surtout de courage. Il arrivait donc ici dans cette ville si peuplée, délicate et riche[64]. Or, comme il voit dans le faubourg tous les jeunes gens qui, magistrats en tête et parés de leurs armes, semblent former la haie, il s'imagine que c'est en l'honneur de sa personne que vos ancêtres ont déployé tout cet appareil. Bien vite il descend de cheval, fort mécontent contre ceux de ses amis qui avaient pris les devants et annoncé, croyait-il, l'arrivée de Caton tout en engageant le peuple à accourir. Sur ces entrefaites, comme il était quelque peu déconcerté et rougissant, le gymnasiarque[65] l'aborde en courant : « Étranger, lui dit-il, où est donc Démétrios ? » Or c'était là un affranchi de Pompée, propriétaire d'une immense fortune, dont vous voulez peut-être connaître le montant. (Aussi bien est-ce le seul détail que, dans tout ce que je raconte, vous brûlez d'entendre.) Je vous renverrai donc à mon informateur. Il s'agit de Damophile de Bithynie, l'auteur de ces traités où, grâce à des glanes prises dans bien des livres, il a composé des récits qui font les délices des jeunes curieux comme des hommes d'un certain âge ; car, avec l'âge, on se voit ramené à cette curiosité de la jeunesse quand celle-ci nous a quittés, d'où, je pense, l'intérêt que, jeunes ou vieux, nous portons également aux contes. Mais brisons là. Voulez-vous que je vous dise ce que Caton répondit au gymnasiarque ? Ne me soupçonnez pas de vouloir insulter votre ville : ce n'est pas moi, ici, qui parle. Il se peut, en effet, que le renom d'un citoyen de Chéronée[66] soit venu jusqu'à vos oreilles. Il appartient à cette classe méprisable – comme disent les esprits forts – qui est celle des philosophes. (Jusqu'à cette classe pourtant je ne suis pas moi-même parvenu, bien que, dans mon ignorance,

66. Plutarque.

ἐφικόμην μέν, ηὐξάμην δὲ ὑπὸ ἀμαθίας κοινωνῆσαι καὶ μετασχεῖν. Ταῦτα οὖν ἐκεῖνος ἔφρασεν, ὡς ὁ Κάτων ἀπεκρίνατο μὲν οὐθέν, βοήσας δὲ μόνον οἷά τις ἔμπληκτος καὶ ἀνόητος ἄνθρωπος· « Ὢ τῆς κακοδαίμονος πόλεως, » ἀπιὼν ᾤχετο.

30 Μὴ δὴ θαυμάσητε, τοῦτο εἰ καὶ ἐγὼ νυνὶ πάσχω πρὸς b
ὑμᾶς, ἀνὴρ ἀγριώτερος ἐκείνου καὶ θρασύτερος τοσούτῳ καὶ αὐθαδέστερος, ὅσον οἱ Κελτοὶ Ῥωμαίων. Ὁ μὲν γὰρ ἐκεῖσε τεχθεὶς ἐγγὺς ἦλθε γήρως ἅμα τοῖς πολίταις τρεφόμενος· Ἐμοὶ δὲ Κελτοὶ καὶ Γερμανοὶ καὶ δρυμὸς Ἑρκύνιος ἔμελεν ἄρτι πρῶτον εἰς ἄνδρας τελοῦντι, καὶ διέτριψα πολὺν ἤδη χρόνον, ὥσπερ τις κυνηγέτης ἀγρίοις ὁμιλῶν καὶ συμπλεκόμενος θηρίοις, ἤθεσιν ἐντυγχάνων οὔτε c
θωπεύειν οὔτε κολακεύειν εἰδόσιν, ἁπλῶς δὲ καὶ ἐλευθέρως ἐκ τοῦ ἴσου πᾶσι προσφέρεσθαι. Γέγονεν οὖν μοι μετὰ τὴν ἐκ παίδων τροφὴν ἥ τε ἐν μειρακίοις ὁδὸς διὰ τῶν Πλάτωνος καὶ Ἀριστοτέλους λόγων οὐδαμῶς ἐπιτηδεία δήμοις ἐντυγχάνειν καὶ ὑπὸ τρυφῆς εὐδαιμονεστάτῳ εἶναι, ἥ τε ἐν ἀνδράσιν αὐτουργία παρὰ τοῖς μαχιμωτάτοις καὶ θυμικωτάτοις τῶν ἐθνῶν, ὅπου τὴν γαμηλίαν Ἀφροδίτην καὶ τὸν μεθυδότην Διόνυσον γάμου τε ἕνεκα καὶ παιδοποιίας οἴνου τε ὁπόσης ἑκάστῳ δυνατὸν πόσεως ἴσασι d
μόνον. Ἀσέλγεια δὲ οὐκ ἔστιν ἐν τοῖς θεάτροις οὐδὲ ὕβρις. οὐδὲ ἕλκει τις εἴσω τῆς σκηνῆς τὸν κόρδακα.

31 Λέγεταί τοι μικρῷ πρόσθεν ὡς ἐνθένδε ἐκεῖσέ τις Καππαδόκης φυγάς, ἐν τῇ παρ' ὑμῖν τραφεὶς πόλει παρὰ τῷ χρυσοχόῳ (γνωρίζετε δήπουθεν ὃν λέγω), μαθὼν ὅπου καὶ ἔμαθεν ὡς οὐ δέον ὁμιλεῖν γυναιξί, μειρακίοις δὲ ἐπιχειρεῖν, οὐκ οἶδα ὁπόσα ἐνθάδε δράσας καὶ παθών, ἐπειδὴ 360

j'aie souhaité d'y être accueilli et reçu). Quoi qu'il en soit, voici ce qu'il raconte : Caton n'aurait rien répondu ; il s'écria seulement, comme un extravagant, comme un insensé : « Oh ! la pauvre ville ! », et il passa.

30. Ne vous étonnez donc pas si ces sentiments-là sont aussi ceux que j'éprouve aujourd'hui à votre égard, moi qui suis plus fruste, plus résolu, plus têtu que lui, comme le sont les Celtes en face des Romains. Restant dans la ville qui l'avait vu naître, Caton a vécu jusqu'à sa vieillesse au milieu de ses concitoyens. Moi, au contraire, j'ai eu affaire avec les Celtes, les Germains, j'ai connu la forêt hercynienne dès mon arrivée à l'âge d'homme. J'ai déjà passé là-bas bien du temps, comme un chasseur sans cesse aux prises avec les bêtes sauvages, au contact de caractères ignorant l'adulation et la flatterie, et que leur simplicité et leur franchise mettaient de plain-pied avec tous. Après cette première éducation, la route que j'ai prise, adolescent, m'a conduit à travers les œuvres de Platon et d'Aristote, absolument incapable de frayer avec le vulgaire et de voir dans la mollesse le bonheur parfait. Quant à mon expérience d'homme je l'ai faite parmi les plus belliqueuses et les plus vaillantes des nations, où l'on ne connaît l'Aphrodite nuptiale et l'enivrant Dionysos qu'en vue du mariage et de la procréation ou de la ration de vin appropriée à calmer la soif de chacun. Elles ignorent également l'impudence et la licence qui règnent sur nos théâtres et nul n'y danse au milieu de la scène le cordax.

31. On raconte que, tout dernièrement, un Cappadocien fut exilé d'ici dans ces régions lointaines. C'était un homme qui avait été élevé dans votre ville chez le fondeur d'or (vous voyez, n'est-ce pas, qui je veux dire). Il avait appris, sur les lieux mêmes où il avait fait son apprentissage, qu'il ne faut pas avoir de rapports avec les femmes, mais s'en prendre aux jeunes garçons. (J'ignore d'ailleurs toutes les expériences qu'il a bien pu faire ici... à l'actif comme

παρὰ τὸν ἐκεῖσε βασιλέα πρῴην ἀφίκετο, μνήμῃ τῶν τῇδε πολλοὺς μὲν ὀρχηστὰς αὐτοῖς ἐπαγαγεῖν, ἄλλα δὲ τὰ ἐντεῦθεν ἀγαθὰ τοιαῦτα, καὶ δὴ ⟨καὶ⟩ τέλος ὡς ἐνεδέησεν ἔτι κοτυλιστοῦ (τοῦτο δὲ ὑμεῖς ἴστε πρὸς τῷ ἔργῳ τὸ ὄνομα) καὶ τοῦτον ἐνθένδε ἐκάλει πόθῳ καὶ ἔρωτι τῆς σεμνῆς παρ' ὑμῖν διαίτης. Οἱ Κελτοὶ δὲ τὸν μὲν κοτυλιστὴν ἠγνόησαν (ἐδέξατο γὰρ αὐτὸν αὐτίκα τὰ βασίλεια), b
τοὺς ὀρχηστὰς δὲ ἐπιτραπέντας ἐν τῷ θεάτρῳ τὴν τέχνην *** εἴασαν, οἰόμενοι τοῖς νυμφολήπτοις αὐτοὺς ἐοικέναι. Καὶ ἦν αὐτοῖς ἐκεῖ παραπλησίως ἐμοὶ καταγελαστότατον τὸ θέατρον· ἀλλ' οἱ μὲν ὀλίγοι πολλῶν κατεγέλων, ἐγὼ δὲ ξὺν ὀλίγοις ἐνθάδε γελοῖος ὑμῖν ἅπασι τὰ πάντα φαίνομαι.

32 Καὶ οὐκ ἀγανακτῶ τῷ πράγματι. Καὶ γὰρ ἂν εἴην c
ἄδικος εἰ μὴ καὶ τοῖς παροῦσι στέργοιμι, διαφερόντως ἀσπασάμενος ἐκεῖνα. Κελτοὶ μὲν γὰρ οὕτω με δι' ὁμοιότητα τρόπων ἠγάπησαν, ὥστε ἐτόλμησαν οὐχ ὅπλα μόνον ὑπὲρ ἐμοῦ λαβεῖν, ἀλλὰ καὶ χρήματα ἔδωκαν πολλά, καὶ παραιτούμενον ὀλίγου καὶ ἐβιάσαντο λαβεῖν, καὶ πρὸς πάντα ἑτοίμως ὑπήκουσαν. Ὃ δὲ δὴ μέγιστον, ἐκεῖθεν εἰς ὑμᾶς ἐφέρετο πολὺ καὶ μέγα τὸ ἐμὸν ὄνομα, καὶ ἐβόων πάντες ἀνδρεῖον, συνετόν, δίκαιον, οὐ πολέμῳ μόνον ὁμιλῆσαι δεινόν, ἀλλὰ καὶ εἰρήνῃ χρήσασθαι δεξιόν, εὐπρόσιτον, πρᾷον· ὑμεῖς δὲ αὐτοῖς ἀντιδεδώκατε νῦν ἐνθένδε d
πρῶτον μέν, ὅτι παρ' ἐμὲ τὰ τοῦ κόσμου πράγματα ἀνατέτραπται (σύνοιδα δὲ οὐδὲν ἀνατρέπων ἐμαυτῷ οὔτε ἑκὼν οὔτε ἄκων), εἶτα ὡς ἐκ τοῦ πώγωνός μου χρὴ πλέκειν σχοινία, καὶ ὅτι πολεμῶ τῷ Χῖ, πόθος δὲ ὑμᾶς εἴσεισι τοῦ Κάππα.

67. Partenaire de jeu érotique.
68. Transes attribuées aux nymphes.

au passif.) Il venait à peine d'arriver à la cour du roi indigène que, en souvenir de son pays, il fait importer là-bas force danseurs et autres excellents produits de même origine. Mais voici qu'au bout du compte il a encore besoin d'un cotyliste[67] : vous connaissez le nom et la chose. Il le fait donc venir d'ici, tant il regrettait éperdument cette noble pratique qui est la vôtre. Les Celtes pourtant n'ont pas vu le cotyliste qui fut aussitôt l'hôte du palais. Quant aux danseurs, lorsqu'ils en vinrent à offrir sur le théâtre une démonstration de leur art, on les planta là : on pensait avoir affaire à des gens frappés de nympholepsie[68]. Ceux qui assistaient aux spectacles leur apparaissaient, dans ce pays, aussi grotesques que je le suis à vos yeux. Et pourtant c'était le petit nombre qui, chez eux, se moquait du grand, tandis que ce petit nombre dont je suis ici, vous le jugez tous parfaitement ridicule.

32. Je ne me plains pas de cet état de fait. Il serait injuste de ma part de ne pas me satisfaire du présent, après avoir tiré tant de satisfactions du passé. Car les Celtes, en raison de la similitude de nos caractères, éprouvaient tant de sympathie pour moi qu'ils osèrent non seulement prendre les armes pour ma cause, mais encore qu'ils m'offrirent beaucoup d'argent, usant presque de contrainte devant mes refus, pour me le faire accepter, et tout disposés à m'obéir dans toute entreprise. Le plus merveilleux c'est que, depuis leur pays, l'écho multiplié de ma gloire a largement retenti jusqu'à vous. Tous me proclamaient brave, intelligent, juste, non seulement adversaire redoutable à la guerre, mais aussi habile à tirer parti de la paix, accessible à tous et bon. Or, depuis cette ville vous venez maintenant de leur répondre, d'abord que j'ai bouleversé les affaires du monde (j'ai conscience, au contraire, de ne rien bouleverser, que ce soit de propos délibéré ou non), ensuite qu'avec ma barbe il faut tresser des cordes, et encore que je fais la guerre au Khi, tandis que vous commencez, vous autres, à regretter le Kappa.

33 Καὶ ὑμῖν γε αὐτὸ οἱ πολιοῦχοι τῆσδε τῆς πόλεως θεοὶ διπλοῦν δοῖεν, ὅτι πρὸς τούτῳ καὶ τὰς ἀστυγείτονας ἐσυκοφαντήσατε πόλεις ἱερὰς καὶ ὁμοδούλους ἐμοί, ὡς δὴ 361 παρ' αὐτῶν εἴη τὰ εἰς ἐμὲ ξυντεθέντα, ἃν εὖ οἶδ' ὅτι φιλοῦσιν ἐκεῖναι μᾶλλον ἢ τοὺς ἑαυτῶν υἱέας, οἳ τὰ μὲν τῶν θεῶν[69] ἀνέστησαν αὐτίκα τεμένη, τοὺς τάφους δὲ τῶν ἀθέων ἀνέτρεψαν πάντας, ὑπὸ τοῦ συνθήματος, ὃ δὴ δέδοται παρ' ἐμοῦ πρῴην, οὕτως ἐπαρθέντες τὸν νοῦν καὶ μετέωροι γενόμενοι τὴν διάνοιαν, ὡς καὶ πλέον ἐπεξελθεῖν τοῖς εἰς τοὺς θεοὺς πλημμελοῦσιν ἢ βουλομένῳ μοι ἦν. b Τὰ δὲ ὑμέτερα· πολλοὶ μὲν ἐγειρομένους ἄρτι τοὺς βωμοὺς ἀνέτρεψαν, οὓς ἡ πρᾳότης ἡμῶν ἐδίδαξε μόλις ἡσυχάζειν. Ἐπεὶ δὲ ἀπεπεμψάμεθα τὸν νεκρὸν τῆς Δάφνης, οἱ μὲν ἀφοσιούμενοι τὰ πρὸς τοὺς θεοὺς ἐξ ὑμῶν ἀντέδωκαν τοῖς ὑπὲρ τῶν λειψάνων ἠγανακτηκόσι τοῦ νεκροῦ τὸ τέμενος c τοῦ Δαφναίου θεοῦ, οἱ δὲ εἴτε λαθόντες εἴτε μὴ τὸ πῦρ ἔδειξαν ἐκεῖνο, τοῖς μὲν ἐπιδημοῦσι τῶν ξένων φρικῶδες, ὑμῶν δὲ τῷ δήμῳ μὲν ἡδονὴν παρασχόν, ὑπὸ δὲ τῆς βουλῆς ἀμεληθέν, εἰσέτι ⟨δὲ⟩ καὶ ἀμελούμενον.

34 Ἐμοὶ μὲν οὖν ἐδόκει καὶ πρὸ τοῦ πυρὸς ἀπολελοιπέναι τὸν νεὼν ὁ θεός, ἐπεσήμηνε γάρ εἰσελθόντι μοι πρῶτον τὸ ἄγαλμα, καὶ τούτου μάρτυρα καλῶ τὸν μέγαν Ἥλιον πρὸς τοὺς ἀπιστοῦντας. Ὑμᾶς δὲ ὑπομνῆσαι βούλομαι καὶ ἄλλης ἀπεχθείας ἐμῆς, ἔπειτα, ὅπερ εἴωθα ποιεῖν, ἐπιεικῶς d ὀνειδίσαι ἐμαυτῷ καὶ ὑπὲρ ταύτης καὶ κατηγορῆσαι καὶ

69. Émèse, Aréthuse, Héliopolis et Gaza.

33. Ah ! plaise aux dieux protecteurs de votre cité de vous en donner deux, puisque, outre sa personne, vous avez calomnié les villes voisines, ces villes saintes, esclaves des dieux comme moi, prétendant qu'elles étaient à l'origine des pamphlets dirigés contre moi[69]. Or je sais parfaitement qu'elles m'aiment plus que leurs propres fils, eux qui se sont empressés de restaurer les sanctuaires des dieux et de renverser les tombeaux des athées, en vertu même de la consigne que je leur avais donnée tout récemment. Ils ont obéi, il est vrai, à une conviction si ardente, à des intentions si élevées qu'en exerçant leur vindicte contre les contempteurs des dieux ils sont même allés au-delà de mes désirs. Mais revenons-en à vous. D'abord, nombre des vôtres ont abattu les autels qui venaient d'être relevés et notre mansuétude a eu du mal à les convaincre de rester tranquilles. Puis, lorsque nous eûmes jeté le cadavre[70] hors de Daphné, les uns parmi vous, rendant aux dieux les honneurs qui leur sont dus, restituèrent, il est vrai, le sanctuaire du dieu de Daphné à ceux qu'indignait la présence de ces funèbres reliques ; les autres, en revanche, à l'insu ou non des premiers, se signalèrent par ce terrible incendie, devant lequel les étrangers de passage ici furent glacés d'effroi, tandis que votre peuple était comblé d'aise, que votre sénat restait indifférent comme il l'est encore aujourd'hui.

34. Quoi qu'il en soit, je suis convaincu qu'avant même cet incendie le dieu avait abandonné son temple. Quand j'y suis entré, en effet, pour la première fois, sa statue me l'avait signifié. J'invoque à l'appui de mes dires le témoignage du Grand Soleil contre quiconque en douterait. Mais je veux vous rappeler encore un de vos autres motifs d'aversion contre moi, puis, suivant mon procédé favori, je vais m'accabler encore à ce propos d'invectives,

70. Reliques du martyr Babylas. Voir l'affaire du temple de Daphné, dans l'introduction.

μέμψασθαι. Δεκάτῳ γάρ που μηνὶ τῷ παρ' ὑμῖν ἀριθμουμένῳ (Λῷον οἶμαι τοῦτον ὑμεῖς προσαγορεύετε) τοῦ θεοῦ τούτου πάτριός ἐστιν ἑορτή, καὶ ἔδει σπουδῇ πρὸς τὴν Δάφνην ἀπαντᾶν. Ἐγὼ μὲν οὖν ἀπὸ τοῦ Κασίου Διὸς ἐπὶ τοῦτο ἔδραμον, οἰόμενος ἐνταῦθα μάλιστα τοῦ πλούτου καὶ τῆς φιλοτιμίας ὑμῶν ἀπολαύσειν. Εἶτα ἀνέπλαττον παρ' ἐμαυτῷ πομπήν, ὥσπερ ὀνείρατα ὁρῶν, ἱερεῖα καὶ σπονδὰς 362
καὶ χοροὺς τῷ θεῷ καὶ θυμιάματα καὶ τοὺς ἐφήβους ἐκεῖ περὶ τὸ τέμενος θεοπρεπέστατα μὲν τὰς ψυχὰς κατεσκευασμένους, λευκῇ δὲ ἐσθῆτι καὶ μεγαλοπρεπεῖ κεκοσμημένους. Ὡς δὲ εἴσω παρῆλθον τοῦ τεμένους, οὔτε θυμιάματα κατέλαβον οὔτε πόπανον οὔτε ἱερεῖον. Αὐτίκα μὲν οὖν ἐθαύμασα καὶ ᾤμην ἔξω τοῦ τεμένους εἶναι, περιμένειν δὲ ὑμᾶς, ἐμὲ δὴ τιμῶντας ὡς ἀρχιερέα, τὸ σύνθημα παρ' b
ἐμοῦ. Ἐπεὶ δὲ ἠρόμην τί μέλλει θύειν ἡ πόλις ἐνιαύσιον ἑορτὴν ἄγουσα τῷ θεῷ, ὁ ἱερεὺς εἶπεν· « ἐγὼ μὲν ἥκω φέρων οἴκοθεν τῷ θεῷ χῆνα ἱερεῖον, ἡ πόλις δὲ τὰ νῦν οὐδὲν ηὐτρέπισται ». Ἐνταῦθα ὁ φιλαπεχθήμων ἐγὼ πρὸς τὴν βουλὴν ἀνεπιεικεῖς πάνυ διελέχθην λόγους, ὧν ἴσως οὐκ ἄτοπον καὶ νῦν μνημονεῦσαι.

35 « Δεινόν, » ἔφην ἐγώ, « τὴν τοσαύτην πόλιν οὕτω τῶν θεῶν ὀλιγώρως ἔχειν, ὡς οὐδεμία παροικοῦσα ταῖς ἐσχα- c
τιαῖς τοῦ Πόντου κώμη· μυρίους κλήρους γῆς ἰδίας κεκτημένη, τῷ πατρίῳ θεῷ νῦν πρῶτον ἐπιστάσης ἑορτῆς ἐνιαυσίου, ἐπειδὴ διεσκέδασαν οἱ θεοὶ τῆς ἀθεότητος τὴν νεφέλην, ὄρνιν ὑπὲρ αὐτῆς οὐ προσάγει, ἣν ἐχρῆν μάλιστα

d'accusations et de reproches. Le dixième mois de l'année, si l'on s'en remet à votre compte (Loüs est, je crois, le nom que vous lui donnez) a lieu ici la fête traditionnelle du dieu. Vous auriez dû vous empresser de vous rendre à Daphné. Pour ma part, quittant le temple de Zeus Casios[71], je suis accouru, escomptant bien prendre un très vif plaisir au spectacle de votre richesse et de votre noble émulation. Là-dessus je me représente d'avance la procession ; je vois défiler comme en rêve les victimes, les libations, les chœurs en l'honneur du dieu, les vapeurs d'encens et, tout là-bas, autour du sanctuaire, vos jeunes gens animés de la dévotion la plus pure et parés magnifiquement de blancs vêtements. Or, en pénétrant dans le sanctuaire, je n'y trouve ni encens, ni gâteau, ni victime. Sous le coup de l'étonnement je crois que je suis encore en dehors de l'enceinte sacrée et que vous attendez, par égard pour mon titre de souverain pontife, le signal que je dois donner. Mais comme je demandais au prêtre ce que la ville allait sacrifier au dieu dont elle célébrait la solennité annuelle, il me répond : « Pour ma part, j'arrive de la maison avec une oie qui sera mon offrande au dieu. La ville, en revanche, n'a rien préparé pour la fête d'aujourd'hui. » Alors, cédant à mon mauvais caractère, j'ai tenu au sénat des propos on ne peut plus choquants, encore qu'il ne soit pas hors de saison de vous les rappeler à l'heure actuelle.

35. « C'est un scandale, disais-je, qu'une cité comme la vôtre marque à l'égard des dieux plus d'indifférence que le plus chétif village riverain des extrémités du Pont[72]. Alors que votre cité possède en propre plus de dix mille lots de terrain et que tombe aujourd'hui la fête annuelle de la divinité de vos pères, à l'heure même où les dieux ont dissipé les brumes de l'athéisme, refuser d'offrir à

71. Mont syrien.
72. Pont-Euxin ou mer Noire.

μὲν καὶ κατὰ φυλὰς βουθυτεῖν, εἰ δὲ μὴ ῥᾴδιον, ἕνα κοινῇ
πᾶσαν ὑπὲρ αὐτῆς προσφέρειν τῷ θεῷ ταῦρον. Ὑμῶν δὲ
ἕκαστος ἰδίᾳ μὲν εἰς τὰ δεῖπνα καὶ τὰς ἑορτὰς χαίρει d
δαπανώμενος, καὶ εὖ οἶδα πολλοὺς ὑμῶν πλεῖστα εἰς τὰ
δεῖπνα τοῦ Μαιουμᾶ χρήματα ἀπολέσαντας, ὑπὲρ δὲ ὑμῶν
αὐτῶν καὶ τῆς σωτηρίας τῆς πόλεως οὐδεὶς θύει οὔτε ἰδίᾳ
τῶν πολιτῶν οὔτε ἡ πόλις κοινῇ, μόνος δὲ ὁ ἱερεύς, ὃν
οἶμαι δικαιότερον ἦν ἀπὸ τοῦ πλήθους τῶν προσφερομένων
τῷ θεῷ παρ' ὑμῶν οἴκαδε ἀπιέναι μερίδας ἔχοντα. Τοῖς
μὲν γὰρ ἱερεῦσιν οἱ θεοὶ καλοκἀγαθίᾳ τιμᾶν ἑαυτοὺς καὶ
ἀρετῆς ἐπιτηδεύσει προσέταξαν καὶ λειτουργεῖν σφίσι τὰ 363
εἰκότα· πρέπει δὲ οἶμαι τῇ πόλει θύειν ἰδίᾳ καὶ δημοσίᾳ·
νυνὶ δὲ ὑμῶν ἕκαστος ἐπιτρέπει μὲν τῇ γυναικὶ πάντα
ἐκφέρειν ἔνδοθεν εἰς τοὺς Γαλιλαίους, καὶ τρέφουσαι ἀπὸ
τῶν ὑμετέρων ἐκεῖναι τοὺς πένητας, πολὺ τῆς ἀθεότητος
ἐργάζονται θαῦμα πρὸς τοὺς τῶν τοιούτων δεομένους
(ἔστι δὲ οἶμαι τοιοῦτον τὸ πλεῖστον τῶν ἀνθρώπων γένος),
ὑμεῖς δὲ αὐτοὶ πρῶτον μὲν τῶν εἰς τοὺς θεοὺς τιμῶν
ἀμελῶς ἔχοντες, πράττειν οὐδὲν ἄτοπον ὑπολαμβάνετε. b
Πρόσεισι δὲ οὐδεὶς τῶν δεομένων τοῖς ἱεροῖς· οὐ γὰρ ἔστιν
οἶμαι πόθεν διατραφῇ. Καὶ γενέθλια μέν τις ἑστιῶν ἱκανῶς
παρασκευάζει δεῖπνον καὶ ἄριστον, ἐπὶ πολυτελῆ τράπεζαν
τοὺς φίλους παραλαμβάνων· ἐνιαυσίου δὲ ἑορτῆς οὔσης

73. Fêtes orgiaques de printemps.

votre dieu même un oiseau au nom de la cité, quand elle devrait justement lui sacrifier un bœuf par tribu ! En admettant que la chose fût difficile, n'aurait-elle pas dû, tout au moins, apporter en son nom à ce dieu l'offrande collective d'un unique taureau ? Tandis que chacun de vous en son nom personnel dépense allègrement pour les dîners et pour les fêtes, que beaucoup parmi vous gaspillent, à ma connaissance, des sommes folles pour le Maïouma[73], quand il faut au contraire pourvoir à vos intérêts et au salut de la cité, on ne trouve plus personne pour sacrifier, que ce soit un citoyen agissant en son propre nom ou la cité au nom de tous. Il n'y a pour cela que le prêtre qui, en bonne justice, devrait plutôt, sur la masse des offrandes présentées par vous au dieu, pouvoir prélever quelque part avant de rejoindre sa demeure. Les prêtres, en effet, n'ont pas reçu des dieux d'autre consigne que celle de les honorer par une vie irréprochable, par la pratique de la vertu et l'exercice régulier de leur ministère[74]. C'est à la cité, au contraire, qu'il appartient de procéder aux sacrifices privés et publics. Mais non : chacun de vous permet à son épouse d'apporter aux Galiléens tous les biens du foyer, et ces femmes, en entretenant les pauvres à vos frais, suscitent une grande admiration pour l'athéisme chez ceux qui ont besoin des secours de cet ordre – ce qui est le cas, ce me semble, de la classe la plus nombreuse de la société. Et vous qui êtes les premiers à faire fi des honneurs dus aux dieux, vous ne voyez pas l'inconséquence de votre conduite. D'ailleurs, aucun de ces indigents ne se présente dans nos sanctuaires : c'est qu'il ne s'y trouve rien, je pense, qui pourrait assurer sa subsistance. Que l'un de vous pourtant offre une réception pour l'anniversaire de sa naissance et il pourvoit largement au souper et au dîner, accueillant ses amis auprès d'une table fastueuse. En revanche, au jour de sa fête solennelle nul n'a fourni

74. Consignes données par Julien pour la constitution d'un clergé païen (*Lettre* 84).

οὐδεὶς ἐκόμισεν ἔλαιον εἰς λύχνον τῷ θεῷ οὐδὲ σπονδὴν
οὐδὲ ἱερεῖον οὐδὲ λιβανωτόν. Ἐγὼ μὲν οὐκ οἶδα ὅπως ἂν
τις ταῦτα ἀνὴρ ἀγαθὸς ὁρῶν παρ' ὑμῖν ἀποδέξαιτο, νομίζω c
δὲ ἔγωγε μηδὲ τοῖς θεοῖς ἀρέσκειν ».

36 Τοιαῦτα εἰπὼν τότε μέμνημαι, καὶ ὁ μὲν θεὸς ἐμαρ-
τύρησέ μου τοῖς λόγοις, ὡς μήποτε ὤφελεν, ἐκλιπὼν τὸ
προάστειον, ὃ πολὺν ἐτήρησε χρόνον ἐν ἐκείνῃ τῇ ζάλῃ
τρέψας ἀλλαχοῦ τῶν κρατούντων τὴν διάνοιαν καὶ τὼ χεῖρε
βιασάμενος. Ὑμῖν δὲ ἀπηχθόμην ἐγὼ ποιῶν ἀνοήτως.
Ἐχρῆν γὰρ σιωπᾶν, ὥσπερ οἶμαι πολλοὶ καὶ ἄλλοι τῶν
συνεισελθόντων ἐμοί, καὶ μὴ πολυπραγμονεῖν μηδὲ ἐπιτιμᾶν. d
Ἀλλὰ ὑπὸ προπετείας ἐγὼ καὶ τῆς καταγελάστου κολακείας
(οὐ γὰρ δὴ νομιστέον ὑπ' εὐνοίας ἐμοὶ τότε εἰρῆσθαι τοὺς
πρὸς ὑμᾶς λόγους, ἀλλ' οἶμαι δόξαν θηρεύων εὐλαβείας τε
εἰς τοὺς θεοὺς καὶ εἰς ὑμᾶς εὐνοίας ἀδόλου· τοῦτο δέ ἐστιν
οἶμαι παγγέλοιος κολακεία) πολλὰ ὑμῶν μάτην κατέχεα.
Δίκαια τοίνυν εἰργάζεσθέ με τῶν ἐπιτιμήσεων ἐκείνων 364
ἀμυνόμενοι καὶ ἐναλλάττοντες τὰ χωρία. Ἐγὼ μὲν ὑπὸ τῷ
θεῷ πρὸς τῷ βωμῷ καὶ τοῖς τοῦ ἀγάλματος ἴχνεσιν ἐν
ὀλίγοις ὑμῶν κατέδραμον· ὑμεῖς δὲ ἐπὶ τῆς ἀγορᾶς ἐν τῷ
δήμῳ διὰ τῶν ἱκανῶν τὰ τοιαῦτα χαριεντίζεσθαι πολιτῶν.
Εὖ γὰρ ἴστε, πάντες οἱ λέγοντες κοινοῦνται πρὸς τοὺς
ἀκούοντας τοὺς λόγους, καὶ ὁ ξὺν ἡδονῇ τῶν βλασφημιῶν
ἀκροασάμενος, μετέχων τῆς ἴσης ἡδονῆς ἀπραγμονέστερον

au dieu d'huile pour le luminaire, ni la moindre libation, ni victime, ni encens. Quant à moi j'ignore comment un homme de bien pourrait admettre de voir chez vous ce spectacle : ce que je sais c'est qu'il est loin d'être agréable aux dieux. »

36. Voilà ce que je me rappelle avoir dit en cette circonstance, et le dieu, d'ailleurs, avait confirmé mes dires – plût au ciel qu'il ne l'eût jamais fait ! – le jour où il abandonna le faubourg sur lequel il avait si longtemps veillé, tournant autrement qu'il n'eût fallu l'esprit des gouvernants et forçant leurs mains[75]. Mais je me suis fait haïr de vous en agissant si sottement. Et de fait j'aurais dû me taire comme se sont tus, je pense, beaucoup d'autres qui sont venus ici avec moi, au lieu de vous chercher chicane et de vous adresser des reproches. Mais comme j'ai cédé alors à mon premier mouvement, à un besoin ridicule de flatterie (gardez-vous ici de croire que c'est par sympathie pour vous que je vous ai, à cette date, tenu ces propos, quand ce n'était, je crois, que le renom de piété à l'égard des dieux et de sympathie spontanée pour vous que j'avais en vue ! Voilà bien, n'est-ce pas, la grossière flatterie), tout ce flot de remontrances je l'ai répandu contre vous en pure perte. Aussi en avez-vous usé justement à mon endroit en vous défendant et en reportant cette défense sur un terrain différent. C'était en présence du dieu, près de son autel, au pied de sa statue et devant quelques témoins que je vous avais pris à partie. Vous m'avez répondu, vous, sur la place publique, au milieu de la populace et en faisant appel, parmi vos compatriotes, aux professionnels du bel esprit. Vous voici prévenus : tous les auteurs de ces propos comme ceux qui les écoutent sont responsables au même titre, et quiconque s'est complu à entendre ces ragots calomnieux, s'associant – quoique plus

75. Répression et désordres qui suivirent la disette de 354 à Antioche, sous le césarat de Gallus.

τοῦ λέγοντος, κοινωνός ἐστι τῆς αἰτίας. Εἴρηται οὖν ὑμῖν b δι' ὅλης καὶ ἠκρόαται τῆς πόλεως ὁπόσα εἰς τουτονὶ πέπαικται τὸν φαῦλον πώγωνα καὶ τὸν οὐδὲν ἐπιδείξαντα ὑμῖν καλὸν οὐδὲ ἐπιδείξοντα τρόπον. Οὐ γὰρ ἐπιδείξει βίον ὑμῖν ὁποῖον ὑμεῖς ἀεὶ μὲν ζῆτε, ποθεῖτε δὲ ὁρᾶν καὶ ἐν τοῖς ἄρχουσιν.

37 Ὑπὲρ μὲν δὴ τῶν βλασφημιῶν, ἃς ἰδίᾳ τε καὶ δημοσίᾳ c κατεχέατέ μου παίζοντες ἐν τοῖς ἀναπαίστοις, ἐμαυτοῦ προσκατηγορήσας ὑμῖν ἐπιτρέπω χρῆσθαι μετὰ μείζονος αὐτῷ παρρησίας, ὡς οὐδὲν ὑμᾶς ἐγὼ διὰ τοῦτο πώποτε δεινὸν ἐργάσομαι σφάττων ἢ τύπτων ἢ δέων ἢ ἀποκλείων ἢ κολάζων. Πῶς γάρ; ὅς, ἐπείπερ ὑμῖν ἐμαυτὸν ἐπιδείξας μετὰ τῶν φίλων σωφρονοῦντα, φαυλότατον ἰδεῖν ὑμῖν καὶ ἀηδέστατον, οὐδὲν ἐπέδειξα καλὸν θέαμα, μεταστῆναι τὴν d πόλιν ἔγνωκα καὶ ὑποχωρῆσαι, πεπεισμένος μὲν οὐδαμῶς ὅτι πάντως ἐκείνοις ἀρέσω, πρὸς οὓς πορεύομαι, κρίνων δὲ αἱρετώτερον, εἰ διαμάρτοιμι τοῦ δόξαι γοῦν ἐκείνοις καλὸς κἀγαθός, ἐν μέρει μεταδοῦναι πᾶσι τῆς ἀηδίας τῆς ἐμαυτοῦ καὶ μὴ τὴν εὐδαίμονα ταύτην ἀποκναῖσαι πόλιν ὥσπερ ὑπὸ δυσωδίας τῆς ἐμῆς μετριότητος καὶ τῶν ἐμῶν ἐπιτηδείων τῆς σωφροσύνης. Ἡμῶν γὰρ οὐδεὶς ἀγρὸν οὐδὲ κῆπον 365 ἐπρίατο παρ' ὑμῖν οὐδὲ οἰκίαν ᾠκοδόμησεν οὐδὲ ἔγημε παρ' ὑμῶν οὐδὲ ἐξέδωκεν εἰς ὑμᾶς οὐδὲ ἠράσθημεν τῶν παρ' ὑμῖν καλῶν, οὐδὲ ἐζηλώσαμεν Ἀσσύριον πλοῦτον οὐδὲ

passivement sans doute – au plaisir de celui qui les tient, tombe sous le coup de la même accusation. Ainsi dans votre ville entière on a dit et entendu tous les bons mots décochés contre cette pauvre barbe et contre l'homme qui ne vous a jamais offert ni ne vous offrira jamais en spectacle un aimable caractère. Car il ne saurait vous offrir en spectacle un genre d'existence comparable à celui que vous ne cessez de mener et que vous désirez aussi rencontrer chez ceux qui vous gouvernent.

37. Quant au flot d'insultes que, tant dans le privé qu'en public, vous avez déversé contre ma personne dans vos couplets satiriques, je vous autorise, en venant – comme je l'ai fait – de m'accuser moi-même, d'user encore dans ce domaine d'une plus grande franchise. Non, jamais je ne vous ferai pour cela le moindre mal : ni exécution, ni flagellation, ni fers, ni prison, ni punition. À quoi bon ! Puisque cette démonstration que, mes amis et moi, nous venons de donner d'une vie vertueuse est pour vous dénuée de tout intérêt et parfaitement importune, que vous ne trouvez pas le moindre charme à en avoir l'image sous les yeux, j'ai décidé de quitter cette ville et de m'éloigner, non que je sois convaincu, assurément, de plaire en tous points à ceux chez qui je me rends[76], mais parce que j'estime préférable, dans le cas où je n'obtiendrais pas tout au moins chez eux la réputation d'un homme de bien, de faire bénéficier chacun à tour de rôle de mon fâcheux caractère, au lieu d'incommoder cette heureuse cité avec le parfum gênant, si l'on peut dire, de mon équité et de la sagesse de mes amis. Pas un de nous, en effet, n'a acheté chez vous de propriété ou de jardin ; pas un n'a fait construire ici de maison, ni pris en mariage une de vos filles ou marié ici la sienne ; pas un ne s'est épris de vos beaux adolescents ; pas un n'a convoité votre richesse assy-

76. Les habitants de Tarse, en Cilicie.

ἐνειμάμεθα τὰς προστασίας οὐδὲ παραδυναστεύειν ἡμῖν ἠνεσχόμεθά τινας τῶν ἐν τέλει οὐδὲ ἐπείσαμεν τὸν δῆμον εἰς παρασκευὰς δείπνων ἢ θεάτρων — ὃν οὕτως ἐποιήσαμεν τρυφᾶν, ὥστε ἄγων σχολὴν ἀπὸ τῆς ἐνδείας τοὺς ἀναπαίστους εἰς τοὺς αἰτίους αὐτῷ τῆς εὐθηνίας ξυνέθηκεν, — οὐδὲ ἐπεγράψαμεν χρυσίον οὐδὲ ᾐτήσαμεν ἀργύριον οὐδὲ ηὐξήσαμεν φόρους· ἀλλὰ πρὸς τοῖς ἐλλείμμασιν ἀνεῖται πᾶσι τῶν εἰθισμένων εἰσφορῶν τὸ πέμπτον. Οὐκ οἶμαι δὲ ἐξαρκεῖν τὸ σωφρονεῖν ἐμέ, μέτριον ἔχων μὰ Δία καὶ θεούς, ὡς ἐμαυτὸν πείθω, τὸν εἰσαγγελέα, καλῶς ὑφ' ὑμῶν ἐπιτιμηθέντα, διότι γέρων ὢν καὶ φαλακρὸς ἠρέμα τὰ πρόσω διὰ δυστροπίαν αἰσχύνεται κομᾶν ἐξόπισθεν, ὥσπερ Ὅμηρος ἐποίησε τοὺς Ἄβαντας, οὐδὲν ⟨δ'⟩ ἐκείνου φαυλοτέρους ἄνδρας οἴκοι παρ' ἐμαυτῷ δύο καὶ τρεῖς, ἀλλὰ καὶ τέτταρας, εἰ βούλεσθε δὲ νυνὶ καὶ πέμπτον. Ὁ δέ μοι θεῖος καὶ ὁμώνυμος οὐ δικαιότατα μὲν ὑμῶν προὔστη, μέχρις ἐπέτρεπον οἱ θεοὶ ξυνεῖναι ἡμῖν αὐτὸν καὶ ξυμπράττειν; οὐ προμηθέστατα δὲ πάσαις ἐπεξῆλθε ταῖς οἰκονομίαις τῆς πόλεως;

(margin: b, c)

38 Ἡμῖν μὲν οὖν ἐδόκει ταῦτα καλά, πρᾳότης ἀρχόντων μετὰ σωφροσύνης, ᾠόμεθά τε ὑμῖν ἱκανῶς διὰ τούτων καλοὶ φανεῖσθαι τῶν ἐπιτηδευμάτων. Ἐπεὶ δὲ ὑμᾶς ἥ τε βαθύτης d

77. Le chrysargire, impôt quinquennal supporté par les marchands et les artisans.

78. La politique fiscale de Julien à l'égard d'un grand nombre de villes fut, en effet, de les soulager de charges pour leur donner les moyens d'une plus grande autonomie.

rienne. Nous nous sommes désintéressés de vos présidences honorifiques ; nous n'avons pas supporté qu'un de vos curiales empiétât sur notre pouvoir ; nous n'avons pas engagé le peuple à se mettre en frais de banquets ou de spectacles. Bien mieux : nous lui avons ménagé une vie si douce que, se trouvant désormais à l'abri du besoin, il a composé ses chansons satiriques contre ceux qui lui avaient procuré l'abondance. Nous n'avons pas non plus imposé de tribut d'or[77], ni demandé de l'argent, ni augmenté les impôts. Mais, sans compter la remise de l'arriéré, tout contribuable a bénéficié de l'exemption du cinquième de ses redevances habituelles[78]. J'estime d'ailleurs que ce n'est pas assez d'être, pour ma part, plein de modération. Ce souci de mesure – Zeus et les dieux en sont garants – existe aussi, j'en suis sûr, chez mon « huissier[79] » que vous avez joliment mis en pièces : comme c'est un homme d'âge et que son front est légèrement dégarni, son méchant caractère, dites-vous, fait qu'il a honte de porter les cheveux en arrière ainsi qu'Homère a représenté les Abantes[80]. À ses mérites pourtant ne sont pas inférieurs ceux des autres membres de mon entourage. Ils sont deux ou trois, quatre même. Encore, si vous le voulez, pouvez-vous à l'heure actuelle porter ce nombre jusqu'à cinq. Quant à mon oncle et homonyme[81], ne vous a-t-il pas gouverné avec la plus grande justice, tant que les dieux permettaient qu'il fût à mes côtés et participât à ma tâche ? N'a-t-il pas géré avec une extrême prudence les affaires de la cité ?

38. Ainsi nous tenions pour méritoire d'associer, au sein du gouvernement, la douceur et la modération ; nous estimions qu'une telle pratique devait suffire à faire reconnaître à vos yeux nos mérites. Mais puisque vous êtes

79. Le maître des offices, Anatolius.
80. *Iliade*, II, 542, et Plutarque, *Thésée*, 5.
81. Julius Julianus, comte d'Orient.

ἀπαρέσκει τοῦ γενείου καὶ τὸ ἀτημέλητον τῶν τριχῶν καὶ τὸ μὴ παραβάλλειν τοῖς θεάτροις καὶ τὸ ἀξιοῦν ἐν τοῖς ἱεροῖς εἶναι σεμνοὺς καὶ πρὸ τούτων ἁπάντων ἡ περὶ τὰς κρίσεις ἡμῶν ἀσχολία καὶ τὸ τῆς ἀγορᾶς εἴργειν τὴν πλεονεξίαν, ἑκόντες ὑμῖν ἐξιστάμεθα τῆς πόλεως. Οὐ γὰρ 366
οἶμαι ῥᾴδιον ἐν γήρᾳ μεταθεμένῳ διαφυγεῖν τὸν λεγόμενον ὑπὲρ τοῦ ἰκτῖνος μῦθον. Λέγεται γάρ τοι καὶ τὸν ἰκτῖνα φωνὴν ἔχοντα παραπλησίαν τοῖς ἄλλοις ὄρνισιν ἐπιθέσθαι τῷ χρεμετίζειν, ὥσπερ οἱ γενναῖοι τῶν ἵππων, εἶτα τοῦ μὲν ἐπιλαθόμενον, τὸ δὲ οὐ δυνηθέντα ἑλεῖν ἱκανῶς ἀμφοῖν στέρεσθαι καὶ φαυλότερον τῶν ἄλλων ὀρνίθων εἶναι τὴν b
φωνήν. Ὃ δὴ καὶ αὐτὸς εὐλαβοῦμαι παθεῖν, ἀγροικίας τε ἅμα καὶ δεξιότητος ἁμαρτεῖν. Ἤδη γάρ, ὡς καὶ ὑμεῖς αὐτοὶ συνορᾶτε, πλησίον ἐσμὲν ἐθελόντων θεῶν,

Εὖτέ μοι λευκαὶ μελαίναις ἀναμεμίξονται τρίχες,

ὁ Τήιος ἔφη ποιητής.

39 Εἶἑν. Ἀλλὰ τῆς ἀχαριστίας, πρὸς θεῶν καὶ Διὸς ἀγοραίου καὶ πολιούχου, ὑπόσχετε λόγον. Ἠδίκησθέ τι παρ' ἐμοῦ κοινῇ πώποτε καὶ ἰδίᾳ, καὶ δίκην ὑπὲρ τούτου λαβεῖν οὐ δυνάμενοι φανερῶς, διὰ τῶν ἀναπαίστων ἡμᾶς, ὥσπερ c
οἱ κωμῳδοὶ τὸν Ἡρακλέα καὶ τὸν Διόνυσον ἕλκουσι καὶ περιφέρουσιν, οὕτω δὲ καὶ ὑμεῖς ἐν ταῖς ἀγοραῖς ἐπιτρίβετε λοιδοροῦντες; ἢ τοῦ μὲν ποιεῖν τι χαλεπὸν εἰς ὑμᾶς

choqués par la longueur de notre barbe, la négligence de notre coiffure, notre refus de fréquenter les théâtres, notre exigence à voir observer dans les temples une attitude respectueuse ; puisque vous l'êtes encore et surtout par l'attention que nous portons aux affaires judiciaires ainsi que par notre volonté de bannir de la place du marché la spéculation, nous quittons sans regret votre ville. De fait il n'est pas facile, je pense, lorsque, à un certain âge, on essaie de se modifier, d'éviter le sort qui advint au milan de la fable[82]. Ce milan, paraît-il, avait une voix comparable à celles des autres oiseaux. Mais il voulut hennir comme les chevaux de race et, oubliant son premier cri sans pouvoir attraper correctement celui du cheval, il se trouva pris au dépourvu dans les deux cas, et il chante plus mal que tous les autres oiseaux. Voilà bien le destin que, personnellement, je voudrais éviter en me privant tout à la fois de ma simplicité rustique et de votre distinction. Car vous le voyez vous-mêmes : je touche, grâce au Ciel, à cet âge – comme l'a dit le poète de Téos[83] –

Où vont se parsemer de blanc mes cheveux noirs.

39. Mais assez sur ce chapitre. Encore – et je vous en conjure par les dieux, par Zeus protecteur de l'agora et mainteneur de cette ville – devez-vous me rendre raison de votre ingratitude. Avez-vous jamais subi de ma part quelque injustice, soit privée soit publique ? Serait-ce parce que vous ne pouvez pas vous en venger ouvertement, que vous m'accablez d'injures en me chansonnant sur vos places, comme font les poètes comiques qui, sans le moindre égard, mettent en pièces Héraclès et Dionysos ? Serait-ce que, tout en me défendant de sévir contre vous, je me serais permis de dire du mal de vous, ce qui vous entraînerait à votre tour à me rendre la pareille par les

82. Babrios, *Fable* 73.
83. Anacréon, *Fragm.* 77.

ἀπεσχόμην, τοῦ λέγειν δὲ ὑμᾶς κακῶς οὐκ ἀπεσχόμην, ἵνα με καὶ ὑμεῖς διὰ τῶν αὐτῶν ἰόντες ἀμύνησθε; τίς οὖν ὑμῖν ἐστιν αἰτία τοῦ πρὸς ἡμᾶς προσκρούσματος καὶ τῆς ἀπεχθείας; ἐγὼ γὰρ εὖ οἶδα δεινὸν οὐδένα ὑμῶν οὐδὲν οὐδὲ d
ἀνήκεστον ἐργασάμενος οὔτε ἰδίᾳ τοὺς ἄνδρας οὔτε κοινῇ τὴν πόλιν, ⟨οὐδ'⟩ εἰπὼν οὐδὲν φλαῦρον, ἀλλὰ καὶ ἐπαινέσας, ὡς ἐνεδέχετό μοι, καὶ μεταδοὺς χρηστοῦ τινος, ὅσον εἰκὸς ἦν τὸν ἐπιθυμοῦντα μετὰ τοῦ δυνατοῦ πολλοὺς εὖ ποιεῖν ἀνθρώπους. Ἀδύνατον δὲ εὖ ἴστε καὶ τοῖς εἰσφέ- 367
ρουσι συγχωρεῖν ἅπαντα καὶ διδόναι πάντα τοῖς εἰωθόσι λαμβάνειν. Ὅταν οὖν φανῶ μηδὲν ἐλαττώσας τῶν δημοσίων συντάξεων, ὅσα εἴωθεν ἡ βασιλικὴ νέμειν δαπάνη, ὑμῖν δὲ ἀνεὶς τῶν εἰσφορῶν οὐκ ὀλίγα, ἆρ' οὐκ αἰνίγματι τὸ πρᾶγμα ἔοικεν;

40 Ἀλλ' ὁπόσα μὲν κοινῇ πρὸς πάντας πεποίηται τοὺς ἀρχομένους ὑπ' ἐμοῦ, πρέποι ἂν σιωπᾶν, ἵνα μὴ δοκοίην ὥσπερ ἐξεπίτηδες αὐτοπροσώπως ἐπαίνους ᾄδειν ἐμαυτοῦ, b
καὶ ταῦτα ἐπαγγειλάμενος πολλὰς καὶ ἀσελγεστάτας ὕβρεις καταχέαι· τὰ δὲ ἰδίᾳ μοι πρὸς ὑμᾶς πεποιημένα προπετῶς μὲν καὶ ἀνοήτως, ἥκιστα δὲ ὑφ' ὑμῶν ἄξια ἀχαριστεῖσθαι, πρέποι [δ'] ἂν οἶμαι προφέρειν ὥσπερ τινὰ ἐμὰ ὀνείδη τοσούτῳ τῶν ἔμπροσθεν χαλεπώτερα, τοῦ τε αὐχμοῦ τοῦ περὶ τὸ πρόσωπον καὶ τῆς ἀναφροδισίας, ὅσῳ καὶ ἀληθέστερα ὄντα τῇ ψυχῇ μάλιστα προσήκει. Καὶ δὴ πρότερον c
ἐπῄνουν ὑμᾶς ὡς ἐνεδέχετό μοι φιλοτίμως οὐκ ἀναμείνας τὴν πεῖραν οὐδὲ ὅπως ἕξομεν πρὸς ἀλλήλους ἐνθυμηθείς·

mêmes procédés ? Quelle est donc la raison de cet affrontement qui vous jette contre moi et me vaut votre haine ? Je suis sûr, en effet, de n'avoir causé à nul d'entre vous aucun tort grave, irrémédiable, que ce soit aux citoyens en particulier ou à la cité en général. Bien loin de vous dénigrer, j'ai même fait votre éloge autant qu'il m'a été permis de le faire et je vous ai accordé, en un certain sens, tous les avantages que vous pouviez normalement recevoir de quelqu'un qui, dans toute la mesure du possible, a le désir d'être un grand bienfaiteur de l'humanité. Pourtant il m'était impossible, sachez-le bien, de consentir à la fois aux contribuables la remise de tout leur dû et de tout donner à ceux qui ont pour habitude de recevoir. Aussi, comme il apparaît que je n'ai nullement diminué les crédits accordés par l'État, tout ce qui est normalement alloué par le trésor public, et que, d'un autre côté, je vous ai consenti des remises d'impôts importantes, votre conduite ne représente-t-elle pas une énigme ?

40. Il est vrai qu'il vaut mieux passer sous silence tout ce que j'ai fait à titre collectif pour l'ensemble de mes sujets : j'aurais l'air, en quelque sorte, à dessein et de ma propre bouche, de chanter mes propres louanges, et cela après avoir annoncé que j'allais me répandre en véhémentes invectives contre vous. Dans le privé, en revanche, j'ai eu à votre égard des gestes qui, quoique inconsidérés et sots, ne m'ont pas valu la moindre ingratitude de votre part. Aussi convient-il sans doute de les produire à mon endroit comme autant de reproches, plus accablants encore que les précédents, j'entends mon visage peu soigné et mon anaphrodisie[84], pour autant que ces reproches-là répondent davantage à la vérité en touchant à l'âme de plus près. C'est ainsi qu'avant d'arriver ici j'ai parlé de vous dans des termes on ne peut plus chaleureux, sans attendre de vous avoir pratiqués, sans m'être même

84. Inaptitude à aimer et à être aimé.

ἀλλὰ νομίσας ὑμᾶς μὲν Ἑλλήνων παῖδας, ἐμαυτὸν δέ, εἰ καὶ γένος ἐστί μοι Θρᾴκιον, Ἕλληνα τοῖς ἐπιτηδεύμασιν, ὑπελάμβανον ὅτι μάλιστα ἀλλήλους ἀγαπήσομεν. Ἓν μὲν δὴ τοῦτο ἔστω μοι τῆς προπετείας ὄνειδος. Ἔπειτα πρεσβευσαμένοις ὑμῖν παρ' ἐμὲ καὶ ἀφικομένοις ὑστέροις d
οὐ τῶν ἄλλων μόνον, ἀλλὰ καὶ Ἀλεξανδρέων τῶν ἐπ' Αἰγύπτῳ, πολὺ μὲν ἀνῆκα χρυσίον, πολὺ δὲ ἀργύριον, φόρους δὲ παμπληθεῖς ἰδίᾳ παρὰ τὰς ἄλλας πόλεις, ἔπειτα τοῦ βουλευτηρίου τὸν κατάλογον διακοσίοις βουλευταῖς ἀνεπλήρωσα φεισάμενος οὐδενός. Ἐσκόπουν γὰρ ὅπως ἡ πόλις ὑμῶν ἔσται μείζων καὶ δυνατωτέρα. Δέδωκα οὖν ὑμῖν καὶ ἀπὸ τῶν ἐπιτροπευσάντων τοὺς θησαυροὺς τοὺς ἐμοὺς καὶ ἀπὸ τῶν ἐργασαμένων τὸ νόμισμα τοὺς πλουσιω- 368
τάτους ἑλομένοις ἔχειν· ὑμεῖς δὲ ἐκείνων μὲν οὐ τοὺς δυναμένους εἵλεσθε, λαβόμενοι δὲ τῆς ἀφορμῆς εἰργάσασθε παραπλήσια πόλει μὲν οὐδαμῶς εὐνομουμένῃ, πρέποντα δὲ ὑμῶν ἄλλως τῷ τρόπῳ. Βούλεσθε ἑνὸς ὑμᾶς ὑπομνήσω; βουλευτὴν ὀνομάσαντες, πρὶν προσγραφῆναι τῷ καταλόγῳ, μετεώρου τῆς δίκης οὔσης, ὑπεβάλετε λειτουργίᾳ τὸν ἄνθρωπον. Ἄλλον ἀπ' ἀγορᾶς εἱλκύσατε πένητα καὶ ἐκ τῶν b
ἁπανταχοῦ μὲν ἀπολελυμένων, παρ' ὑμῖν δὲ διὰ περιττὴν φρόνησιν ἀμειβομένων πρὸς χρυσίον συρφετῶν ἀποροῦντα μετρίας οὐσίας εἵλεσθε κοινωνόν. Πολλὰ τοιαῦτα περὶ τὰς ὀνομασίας κακουργούντων ὑμῶν, ἐπειδὴ μὴ πρὸς ἅπαντα συνεχωρήσαμεν, ὧν τε εὖ εἰργασάμεθα τὴν χάριν ἀπεστε-

demandé quelle serait notre attitude réciproque. Non, comme je pensais que si vous étiez fils de Grecs, j'étais, moi, malgré mon origine thrace, un Grec par mes façons de vivre, je pensais que nous devions éprouver les uns pour les autres la plus haute estime, et voilà bien un premier grief imputable à mon étourderie. Par la suite, lorsque vous m'avez envoyé votre députation[85] qui arriva non seulement après celles des autres cités, mais après celle des Alexandrins, je vous ai tenus pour quittes d'une somme en or et d'une somme en argent considérables, puis d'un arriéré massif d'impôts par une dérogation spéciale au traitement des autres villes. Là-dessus j'ai complété de deux cents membres, sans ménager personne, la liste de votre sénat, m'assignant comme tâche d'accroître la grandeur et la puissance de votre cité. Ainsi vous ai-je fourni l'occasion d'admettre par élection au sein de votre sénat les plus fortunés des intendants de mes trésors ainsi que des directeurs des ateliers monétaires. Mais loin de choisir parmi eux les personnalités adéquates, vous avez saisi ce prétexte comme l'eût fait une cité mal administrée, quoique en conformité parfaite avec votre caractère. Dois-je vous rappeler ici un de vos traits ? Procédant à la nomination d'un sénateur sans attendre qu'il fût inscrit sur la liste et alors que son cas était encore en suspens, vous avez assigné d'office un service public à ce pauvre homme. Vous êtes allés en chercher un autre sur l'agora, un de ces indigents qui partout ailleurs eût été exempté, appartenant à cette racaille que, dans votre haute sagesse, vous achetez à prix d'or ; et bien qu'il fût loin de disposer d'un avoir convenable, vous en avez fait votre collègue. À propos de ces désignations vous vous êtes encore livrés à bien d'autres manœuvres analogues, et comme nous ne les avons pas toutes approuvées, nous avons été frustré

85. Pour verser l'or coronaire, comme à chaque nouvelle investiture impériale.

ρήθημεν, καὶ ὧν ἀπεσχόμεθα ξὺν δίκῃ παρ' ὑμῶν δυσχεραινόμεθα.

41 Καὶ ταῦτα μὲν ἦν τῶν μικρῶν πάνυ καὶ οὔπω δυνάμενα c
τὴν πόλιν ἐκπολεμῶσαι· τὸ δὲ δὴ μέγιστον, ἐξ οὗ τὸ μέγα
ἤρθη μῖσος, ἀφικομένου μου πρὸς ὑμᾶς, ὁ δῆμος ἐν τῷ
θεάτρῳ, πνιγόμενος ὑπὸ τῶν πλουσίων, ἀφῆκε φωνὴν
πρῶτον ταύτην· « Πάντα γέμει, πάντα πολλοῦ. » Τῆς
ἐπιούσης διελέχθην ἐγὼ τοῖς δυνατοῖς ὑμῶν, ἐπιχειρῶν
πείθειν ὅτι κρεῖττόν ἐστιν ὑπεριδόντας ἀδίκου κτήσεως εὖ d
ποιῆσαι πολίτας καὶ ξένους. Οἱ δὲ ἐπαγγειλάμενοι τοῦ
πράγματος ἐπιμελήσεσθαι, μηνῶν ἑξῆς τριῶν ὑπεριδόντος
μου καὶ περιμείναντος, οὕτως ὀλιγώρως ἔσχον τοῦ πράγματος, ὡς οὐδεὶς ἂν ἤλπισεν. Ἐπεὶ δὲ ἑώρων ἀληθῆ τὴν τοῦ
δήμου φωνὴν καὶ τὴν ἀγορὰν οὐχ ὑπὸ ἐνδείας, ἀλλὰ ὑπὸ
ἀπληστίας τῶν κεκτημένων στενοχωρουμένην, ἔταξα 369
μέτριον ἑκάστου τίμημα καὶ δῆλον ἐποίησα πᾶσιν. Ἐπεὶ
δὲ ἦν τὰ μὲν ἄλλα παρ' αὐτοῖς πολλὰ πάνυ (καὶ γὰρ ἦν
οἶνος καὶ ἔλαιον καὶ τὰ λοιπὰ πάντα), σίτου δὲ ἐνδεῶς
εἶχον, ἀφορίας δεινῆς ὑπὸ τῶν ἔμπροσθεν αὐχμῶν γενομένης, ἔδοξέ μοι πέμπειν εἰς Χαλκίδα καὶ Ἱερὰν πόλιν καὶ
πόλεις τὰς πέριξ, ἔνθεν εἰσήγαγον ὑμῖν μέτρων τετταράκοντα μυριάδας. Ὡς δὲ ἀνάλωτο καὶ τοῦτο, πρότερον
μὲν πεντάκις χιλίους, ἑπτάκις χιλίους δὲ ὕστερον, εἶτα b
νῦν μυρίους, οὓς ἐπιχώριόν ἐστι λοιπὸν ὀνομάζειν
μοδίους, ἀνάλισκον σίτου, πάντας οἴκοθεν ἔχων. Ἀπὸ
τῆς Αἰγύπτου κομισθέντα μοι σῖτον ἔδωκα τῇ πόλει,

86. Les troupes rassemblées à Antioche en vue de la campagne contre les Perses.

de la reconnaissance méritée par nos bons offices, en même temps que vous nous teniez rigueur des interdictions que l'équité nous appelait à formuler.

41. Encore n'était-ce là que des questions mineures, qui ne pouvaient pas à elles seules me valoir l'hostilité déclarée de toute la ville. Voici donc la cause majeure qui a soulevé cette grande haine. Je venais d'arriver chez vous lorsque le peuple, pressuré par les riches, s'est mis à crier au théâtre : « On regorge de tout, mais tout est trop cher. » Le lendemain, j'eus un entretien avec vos notables, essayant de les convaincre que mieux valait faire fi d'un bénéfice illicite et traiter honnêtement leurs concitoyens et les étrangers[86]. Ils ont eu beau me promettre qu'ils allaient s'occuper de la question – durant les trois mois suivants j'avais laissé l'affaire en sommeil et pris patience –, leur négligence a dépassé ici tout ce à quoi on pouvait s'attendre. Constatant alors que la plainte populaire était fondée et que le marché était bloqué non par pénurie de marchandises mais par l'insatiable avidité des propriétaires, j'ai procédé à une taxation équitable de chaque denrée et fait publier partout mon édit. De fait, pour tous les autres produits on était largement pourvu : on avait du vin, de l'huile et tout le reste. Le blé, en revanche, manquait, la récolte étant largement déficitaire à cause des récentes sécheresses. Aussi ai-je décidé d'en envoyer prendre à Chalcis, Hiérapolis et dans les villes des environs. J'en ai ramené pour vous quatre cent mille mesures. Ce blé une fois consommé, je vous ai sacrifié d'abord cinq mille, puis sept mille et maintenant dix mille *modii* – c'est le terme qu'on emploie désormais sur le plan national –, tous prélevés sur mon avoir personnel. J'ai fait cadeau à la ville du blé qui venait de m'arriver d'Égypte[87], et au lieu

87. Traditionnellement destiné aux deux capitales impériales, Rome et Constantinople.

πραττόμενος ἀργύριον οὐ κατὰ δέκα μέτρα, ἀλλὰ πεντεκαί-
δεκα τοσοῦτον, ὅσον ἐπὶ τῶν δέκα πρότερον. Εἰ δὲ τοσαῦτα
μέτρα θέρους ἦν παρ' ὑμῖν τοῦ νομίσματος, τί προσδοκᾶν
ἔδει τηνικαῦτα, ἡνίκα φησὶν ὁ Βοιώτιος ποιητὴς χαλεπὸν
γενέσθαι τὸν λιμὸν ἐπὶ τῷ δράγματι; ἆρ' οὐ πέντε μόγις c
καὶ ἀγαπητῶς, ἄλλως τε καὶ τηλικούτου χειμῶνος ἐπι-
γενομένου; τί οὖν ὑμῶν οἱ πλούσιοι; τὸν μὲν ἐπὶ τῶν
ἀγρῶν σῖτον λάθρᾳ ἀπέδοντο πλείονος, ἐβάρησαν δὲ τὸ
κοινὸν τοῖς ἰδίοις ἀναλώμασι. Καὶ οὐχ ἡ πόλις μόνον d
ἐπὶ τοῦτο συρρεῖ, οἱ πλεῖστοι δὲ καὶ ἐκ τῶν ἀγρῶν
συντρέχουσιν, ὃ μόνον ἐστὶν εὑρεῖν πολὺ καὶ εὔωνον,
ἄρτους ὠνούμενοι. Καίτοι τίς μέμνηται παρ' ὑμῖν εὐθηνου-
μένης τῆς πόλεως πεντεκαίδεκα μέτρα σίτου πραθέντα
τοῦ χρυσοῦ;

42 Ταύτης ἕνεκεν ὑμῖν ἀπηχθόμην ἐγὼ τῆς πράξεως, ὅτι
τὸν οἶνον ὑμῖν οὐκ ἐπέτρεψα καὶ τὰ λάχανα καὶ τὰς
ὀπώρας ἀποδόσθαι χρυσοῦ, καὶ τὸν ὑπὸ τῶν πλουσίων
ἀποκεκλεισμένον ἐν ταῖς ἀποθήκαις σῖτον ἄργυρον αὐτοῖς
καὶ χρυσὸν ἐξαίφνης παρ' ὑμῶν γενέσθαι. Ἐκεῖνοι μὲν 370
γὰρ αὐτὸν ἔξω τῆς πόλεως διέθεντο καλῶς, ἐργασάμενοι
τοῖς ἀνθρώποις λιμὸν

ἀλοιητῆρα βροτείων,

ὡς ὁ θεὸς ἔφη τοὺς ταῦτα ἐπιτηδεύοντας ἐξελέγχων.
Ἡ πόλις δὲ ἐν ἀφθονίᾳ γέγονεν ἄρτων ἕνεκα μόνον,
ἄλλου δὲ οὐδενός. Συνίην μὲν οὖν καὶ τότε ταῦτα ποιῶν

d'exiger le prix fixé pour dix mesures, j'en ai cédé quinze au prix demandé précédemment pour dix. Or, si ces dix mesures valaient chez vous, cet été, un sou d'or, que deviez-vous vous attendre à les payer à l'heure où, comme dit le poète béotien[88],

Il est dur de voir la disette succéder à la moisson ?

N'est-il pas vrai qu'à ce prix-là on n'en aurait eu à peine que cinq, surtout après l'arrivée d'un hiver aussi rude ? En cette circonstance qu'ont fait vos riches ? Le blé qu'ils avaient à la campagne, ils l'ont vendu plus cher au marché clandestin, faisant ainsi supporter à la communauté leurs propres pertes. Aussi bien ce ne sont pas seulement les citadins, mais surtout des gens accourus également des campagnes qui se jettent, en achetant du pain, sur la seule denrée qu'on puisse trouver ici à bon compte. À dire vrai, qui se souvient chez vous d'avoir vu, au temps que la cité était florissante, vendre quinze mesures de blé pour un sou d'or ?

42. Voilà bien ce que j'ai fait pour encourir votre haine : je n'ai pas permis qu'on vous vendît à prix d'or le vin, les légumes et les fruits, que le blé, enfermé par les riches dans leurs greniers, fût soudain converti par vous en or et en argent à leur profit. En effet, ils l'ont vendu bel et bien, ce blé, hors de la ville, dont ils ont réduit alors la population à la famine,

« ce fléau qui broie les Mortels[89] »,

pour reprendre les termes par lesquels le dieu confond ceux qui s'adonnent à ces pratiques. Il est vrai que si la ville regorge aujourd'hui de pain, il n'y a rien d'autre...

88. Hésiode ou Pindare.
89. Fragment oraculaire d'origine inconnue.

ὅτι μὴ πᾶσιν ἀρέσοιμι, πλὴν ἔμελεν οὐθὲν ἐμοί· τῷ γὰρ b
ἀδικουμένῳ πλήθει βοηθεῖν ᾤόμην χρῆναι καὶ τοῖς ἀφικνουμένοις ξένοις ἐμοῦ τε ἕνεκα καὶ τῶν συνόντων ἡμῖν ἀρχόντων. Ἐπεὶ δὲ οἶμαι συμβαίνει τοὺς μὲν ἀπιέναι, τὴν πόλιν δὲ εἶναι τὰ πρὸς ἐμὲ γνώμης μιᾶς (οἱ μὲν γὰρ μισοῦσιν, οἱ δὲ ὑπ' ἐμοῦ τραφέντες ἀχαριστοῦσιν), Ἀδραστείᾳ πάντα ἐπιτρέψας ἐς ἄλλο ἔθνος οἰχήσομαι καὶ δῆμον ἕτερον, οὐδὲν ὑμᾶς ὑπομνήσας ὧν ἐνιαυτοῖς
ἔμπροσθεν ἐννέα δίκαια δρῶντες εἰς ἀλλήλους εἰργάσασθε, c
φέρων μὲν ὁ δῆμος ἐπὶ τὰς οἰκίας τῶν δυνατῶν ξὺν βοῇ τὴν φλόγα καὶ ἀποκτιννὺς τὸν ἄρχοντα, δίκην δὲ αὖθις ἀποτίνων ὑπὲρ τούτων, ὧν ὀργιζόμενος δικαίως, ἔπραξεν οὐκέτι μετρίως.

43 Ὑπὲρ τίνος οὖν πρὸς θεῶν ἀχαριστούμεθα; ὅτι τρέφομεν ὑμᾶς οἴκοθεν, ὃ μέχρι σήμερον ὑπῆρξεν οὐδεμιᾷ πόλει,
καὶ τρέφομεν οὕτω λαμπρῶς; ὅτι τὸν κατάλογον ὑμῶν d
ηὐξήσαμεν; ὅτι κλέπτοντας ἑλόντες οὐκ ἐπεξήλθομεν; ἑνὸς ἢ δύο βούλεσθε ὑμᾶς ὑπομνήσω, μή τις ὑπολάβῃ σχῆμα καὶ ῥητορείαν εἶναι καὶ προσποίησιν τὸ πρᾶγμα; γῆς κλήρους οἶμαι τρισχιλίους ἔφατε ἀσπόρους εἶναι καὶ ᾐτήσασθε λαβεῖν, λαβόντες δὲ ἐνείμασθε πάντες οἱ μὴ δεόμενοι. Τοῦτο ἐξετασθὲν ἀνεφάνη σαφῶς. Ἀφελόμε-

Quoi qu'il en soit, j'étais bien convaincu à l'origine qu'en agissant de la sorte je ne plairais pas à tout le monde, ce qui m'a laissé d'ailleurs parfaitement indifférent. Car devant les exactions qu'il subissait, je me faisais une obligation absolue de prêter assistance au peuple, comme aux étrangers venus ici à cause de moi, comme aux collaborateurs associés à mon pouvoir. Mais comme ces derniers, je crois, se trouvent sur leur départ, et que les citoyens sont unanimes sur mon compte – les uns me haïssant, les autres oubliant dans leur ingratitude que je les ai nourris –, je m'en remets entièrement à Adrastée[90] avant de gagner une autre nation, un autre peuple. Je ne veux point vous rappeler ce que vous avez fait, il y a neuf ans, lorsque vous vous êtes rendus mutuellement la justice : alors le peuple, à grands cris, a mis le feu aux maisons des notables et massacré le gouverneur, avant d'expier à son tour une conduite qui, bien que répondant à une juste colère, avait dépassé toute mesure[91].

43. Mais, je vous le demande au nom des dieux, pourquoi sommes-nous payé d'ingratitude ? Serait-ce parce que je vous nourris de mon bien, ce qui, jusqu'à aujourd'hui, n'est arrivé à aucune autre cité, et que je vous nourris si généreusement ? Serait-ce parce que j'ai augmenté la liste de vos curiales ? que je n'ai pas poursuivi en justice ceux que j'ai pris à voler ? Me permettez-vous de rappeler encore un ou deux faits, pour qu'on ne croie pas qu'il s'agit ici de figure de style ou d'effet oratoire ? Vous m'avez dit – n'est-il pas vrai – qu'il y avait trois mille lots de terre en friche, et vous avez demandé à les prendre. Mais après les avoir pris, vous vous les êtes répartis entre tous gens qui n'en aviez pas besoin. Une enquête a permis de tirer au clair cette affaire. J'ai retiré alors ces lots à leurs déten-

90. Déesse de la justice.
91. L'émeute de 354 que Gallus laissa volontairement dégénérer.

νος δὲ αὐτοὺς ἐγὼ τῶν ἐχόντων οὐ δικαίως, καὶ πολυπραγμονήσας οὐδὲν ὑπὲρ τῶν ἔμπροσθεν, ὧν ἔσχον ἀτελῶς, οὓς μάλιστα ἐχρῆν ὑποτελεῖς εἶναι, ταῖς βαρυτάταις 371
ἔνειμα λειτουργίαις αὐτοὺς τῆς πόλεως. Καὶ νῦν ἀτελεῖς ἔχουσιν οἱ καθ' ἕκαστον ὑμῖν ἐνιαυτὸν ἱπποτροφοῦντες γῆς κλήρους ἐγγὺς τρισχιλίους, ἐπινοίᾳ μὲν καὶ οἰκονομίᾳ τοῦ θείου τοὐμοῦ καὶ ὁμωνύμου, χάριτι δὲ ἐμῇ, ὃς δὴ τοὺς πανούργους καὶ κλέπτας οὕτω κολάζων εἰκότως ὑμῖν φαίνομαι τὸν κόσμον ἀνατρέπειν. Εὖ γὰρ ἴστε ὅτι πρὸς b
τοὺς τοιούτους ἡ πρᾳότης αὔξει καὶ τρέφει τὴν ἐν τοῖς ἀνθρώποις κακίαν.

44 Ὁ λόγος οὖν μοι καὶ ἐνταῦθα περιίσταται πάλιν εἰς ὅπερ βούλομαι. Πάντων γὰρ ἐμαυτῷ τῶν κακῶν αἴτιος γίγνομαι, εἰς ἀχάριστα καταθέμενος ἤθη τὰς χάριτας. Ἀνοίας οὖν ἐστι τῆς ἐμῆς τοῦτο καὶ οὐ τῆς ὑμετέρας ἐλευθερίας. Ἐγὼ μὲν δὴ τὰ πρὸς ὑμᾶς εἶναι πειράσομαι τοῦ λοιποῦ συνετώτερος· ὑμῖν δὲ οἱ θεοὶ τῆς εἰς ἡμᾶς c
εὐνοίας καὶ τιμῆς, ἣν ἐτιμήσατε δημοσίᾳ, τὰς ἀμοιβὰς ἀποδοῖεν.

teurs illégitimes et, sans m'inquiéter aucunement du passé de ces propriétés qui, exemptes de toutes charges, auraient dû être tout spécialement imposées, j'ai désigné les fraudeurs pour les liturgies municipales les plus lourdes. De ce fait, ceux qui élèvent maintenant les chevaux pour vos courses annuelles disposent de près de trois mille lots de terre francs d'impôts, grâce, assurément, à la prévoyante économie de l'oncle dont je porte le nom, mais également à ma propre libéralité. Châtiant, comme je l'ai fait, gredins et voleurs, il est normal que je vous apparaisse sous les traits d'un perturbateur universel. Vous le savez bien, l'indulgence à l'égard de ces individus accroît et nourrit la perversité humaine...

44. Ainsi voilà mon discours revenu par ce détour au point que je m'étais fixé. De tous mes déboires c'est bien moi qui suis responsable : je réservais mes grâces à des cœurs fermés à la gratitude. C'est là l'effet de ma sottise plutôt que de votre esprit d'indépendance. Je vais donc m'efforcer d'être plus avisé à votre égard désormais. Pour vous, puissiez-vous obtenir des dieux, pour prix de l'affection et du respect dont vous nous avez publiquement honoré, une juste récompense.

Chronologie

(Grandes variantes, suivant les historiens, au sujet de la période précédant le césarat de Julien. Nous suivons ici la notice de René Braun, in L'Empereur Julien. De l'Histoire à la légende, *Paris, Les Belles Lettres, 1978, pp. 9-14.)*

Mai 332 : naissance de Flavius Claudianus Julianus, petit-fils de Constance Chlore, neveu de Constantin Ier ; mort de sa mère Basilina quelques mois plus tard.

335 : son père, Jules Constance, demi-frère de Constantin Ier, est nommé consul.

22 mai 337 : mort de Constantin Ier, laissant l'Empire en partage à ses trois fils.

Septembre 337 : massacre de Jules Constance et de huit autres membres de sa famille à Constantinople. Julien, qui a sept ans, et son demi-frère Gallus en réchappent de justesse.

337-341 : à Nicomédie, chez sa grand-mère maternelle, aristocrate de Bithynie, Julien est éduqué par l'eunuque Mardonios qu'il adore et l'arien Eusèbe.

342-344 : à Constantinople, où Eusèbe est nommé évêque, Julien reçoit l'éducation des chrétiens Nikoklès et Hékébolios.

344 : retour à Nicomédie.

345-351 : à Macellum, près de Césarée, forteresse isolée de Cappadoce, il dévore la bibliothèque de Georges de Cappadoce. Il se prépare à la cléricature.

351 : Gallus est nommé César en Orient, Constance II luttant contre l'usurpateur Magnence en Gaule.

351-354 : Nicomédie et voyages en Asie Mineure ; Julien s'ouvre au néoplatonisme ésotérique.

354 : émeute à Antioche, massacre du gouverneur de Syrie. Arrestation et exécution de Gallus sur ordre de Constance II.

Fin 354-355 : suspecté de complicité avec Gallus, Julien est emprisonné à Milan durant sept mois. Intervention en sa faveur d'Eusebia, femme de Constance II.

Été 355 : à Athènes, études et initiation aux mystères d'Éleusis.

Octobre 355 : usurpation de Silvanus en Gaule ; Julien est à nouveau convoqué à Milan.

6 novembre 355 : Julien César
Marié à Hélène, sœur de Constance II (morte en 360, laissant un fils mort-né).
Départ sous surveillance en Gaule avec trois cent soixante soldats.

Hiver 355 : à Vienne, en Gaule, il rédige le premier *Panégyrique à Constance II.*

Janvier 356 : nommé consul.

Juin 356 : chasse les Alamans d'Autun, puis, en septembre, de Cologne, en concertation avec Constance II.
Assiégé à Sens, il parvient à chasser les barbares ; avec l'accord de Constance II, il renvoie Marcellus, général douteux.

25 août 357 : victoire de Strasbourg (Argentoratum) contre les Alamans, malgré l'inertie de Barbatio, autre général douteux, peut-être à la solde, cette fois, de Constance II ; capture de Chnodomar, chef alaman, envoyé à Constance II, qui fait célébrer un triomphe.

Hiver 357-358 : à Lutèce, où Julien prendra ses deux autres quartiers d'hiver.

358-359 : actions diplomatiques et campagnes contre les Francs, les Chamaves et les Saliens ; œuvre de restauration. Julien rédige un deuxième *Panégyrique à Constance II,* plus ambivalent.

Fin 359 : préparation d'une nouvelle campagne de Constance II contre les Perses, qui convoque les meilleures troupes de Julien. Mécontentement de l'armée d'Occident.

Février 360 : Julien proclamé Auguste par ses soldats. Constance II s'apprête à marcher contre lui. On s'oriente vers la guerre civile.

6 novembre 360 : le diadème et la pourpre ; célébration du quinquennat de César et du second Auguste à Vienne.

360-361 : campagne contre les Alamans soudoyés par Constance II jusqu'en Forêt-Noire, puis marche vers l'Est. Julien rédige diverses lettres à l'adresse des grandes cités de l'Empire, dont il ne reste que la *Lettre au Sénat et au peuple d'Athènes*, réquisitoire contre Constance II.

3 novembre 361 : mort de Constance en Cilicie, près de Tarse.
Installé en Mésie à Nish (Naïssus), ville natale de Constantin le Grand, Julien n'apprend la nouvelle que fin novembre.
Mamertin mentionne sa barbe.
Premiers sacrifices publics aux dieux païens.

NOVEMBRE 361-JUIN 363 : RÈGNE DE JULIEN EMPEREUR

11 décembre 361-juin 362 : à Constantinople

Tribunal de Chalcédoine, épuration, réforme de la Cour; rétablissement de l'autorité du sénat de Constantinople, dont il devient l'un des membres; réformes simplifiant la bureaucratie, donnant plus d'autonomie aux cités (par exemple, dans la *Lettre aux Thraces*: dispense de dette envers l'État contre versement de la moitié aux soldats de la région), répartissant charges et biens ; « nationalisation » de la poste ; contrôle systématique des taxes ; or coronaire volontaire, et non obligatoire (édit du 29 avril 362) ; Julien nomme son oncle Julius Julianus comte d'Orient.

Décembre 361 : Georges de Cappadoce est assassiné à Alexandrie ; sans procès, Julien récupère sa bibliothèque.

Réouverture des temples païens, restauration des sacrifices dans l'Empire ; « Tolérance religieuse » : amnistie des chrétiens orthodoxes, exilés par le gouvernement arien de Constance II ; réactivation des conflits entre ariens et orthodoxes ; annulation des exemptions d'impôts au clergé chrétien ; restitution des biens publics saisis par les chrétiens (édit du 13 mars 362).

17 juin 362 : interdiction aux chrétiens d'enseigner les lettres profanes.

Rédaction de *Contre les Cyniques ignorants* (printemps 362), *Contre Héracléios le Cynique, Hélios,* et *Cybèle* ou *Sur la mère des dieux.*

Traversée de l'Anatolie : multiplication de gestes païens ; mesures pour la constitution d'un nouveau clergé païen dont il serait le Pontifex Maximus ; tolérance à l'égard des émeutes antichrétiennes.

18 juillet 362 : entrée à Antioche

22 octobre 362 : incendie du temple de Daphné.

Hiver 362 : rédaction du *Banquet* ou *Les Césars*, de *Sur Hélios-Roi*, du *Misopogon* et de *Contre les Galiléens.*

Multiplication des mesures antichrétiennes : janvier 363, accès restreint des chrétiens aux postes officiels à Rome ; février 363 : enterrements chrétiens interdits de jour ; exécution de soldats refusant de sacrifier aux dieux, etc.
Contrôle économique et administratif ; hostilité croissante des Antiochéens.

Fin février 363 : départ précipité pour Tarse.

5 mars 363 : campagne contre les Perses.

Juin : Julien assiège Ctésiphon puis abandonne ; début de la retraite, affrontement désastreux avec l'armée de Shapur.

26 juin 363 : Julien, blessé au combat, meurt dans la nuit. Son corps est transporté et incinéré à Tarse.

Portraits de Julien

1) GRÉGOIRE DE NAZIANZE, *Discours* V, 23, Jean Bernardi (éd.), Paris, Le Cerf, Sources chrétiennes, n° 309, 1983, pp. 337-339.

Grégoire, alors étudiant à Athènes, a croisé Julien lors de son séjour dans cette ville entre juillet et octobre 355. Dans son réquisitoire de chrétien contre l'empereur apostat, il souligne les aspects les plus négatifs.

« [...] J'ai conscience de ne pas m'être trompé alors dans les précisions que je formai à son égard, bien que je ne figure pas au nombre de ceux qui sont doués pour ce genre de choses. Ce qui fit de moi un prophète, c'était l'inégalité de son caractère ainsi qu'un prodigieux abrutissement [...]. Je ne présageai rien de bon de ce cou branlant, de ces épaules remuantes et tressautantes, de ces yeux agités qui se dirigeaient partout, de ce regard exalté, de ces pieds chancelants qui ne tenaient pas en place, de cette narine qui respirait insolence et dédain, de ces grimaces ridicules qui manifestaient les mêmes sentiments, de ces éclats de rire sans mesure, convulsifs, de ces signes d'approbation ou de dénégation qui n'avaient ni rime ni raison, de cette parole hachée par la respiration dont le débit s'arrêtait brusquement, de ces questions incohérentes et inintelligibles, de ces réponses qui ne valaient pas mieux, qui se chevauchaient les unes les autres sans régularité en dépit des règles d'école. »

2) Ammien Marcellin, *Histoires*, Paris, Les Belles Lettres, CUF [1978;1977].

Autre contemporain de Julien, Ammien l'accompagna jusqu'aux ultimes moments de la campagne de Perse.

T.1, *Livre XV*, Ed. Galletier et J. Fontaine (éd.), 1968; 2e éd., 1978, 8, 9 et 16, pp. 132-133:

Constance présente son nouveau César, Julien, aux soldats, comme un « adolescent à la force tranquille, dont il nous faut imiter plus que louer la conduite pleine de modération », mais « dont la physionomie tendue trahissait une pointe de tristesse ». Les soldats « contemplèrent longuement ses yeux terribles et charmants, son visage auquel l'animation donnait de la grâce... »

T. IV, *Livre XXV*, J. Fontaine (éd.), 1977, 1re partie, IV, 22, pp. 186-187.

« Son aspect et sa stature étaient les suivants: de taille moyenne, les cheveux aussi souples que s'il les avait peignés, le visage recouvert d'une barbe hérissée et terminée en pointe, de beaux yeux brillants et ardents qui exprimaient son inquiétude intérieure, les sourcils bien tracés, le nez tout droit, la bouche un peu grande, la lèvre inférieure pendante, la nuque épaisse et arrondie, les épaules fortes et larges, la silhouette rectiligne de la tête au bout des ongles, ce qui lui assurait force et vitesse à la course. »

Dans la note 594 de son commentaire (2e partie, pp. 240-241), Jacques Fontaine mentionne l'étude d'E. Babelon sur L'Iconographie monétaire de Julien l'Apostat. *Celui-ci observait que les représentations devenaient de moins en moins conventionnelles au fur et à mesure du règne. Les dernières pièces, frappées à Antioche, seraient donc relativement ressemblantes : « [...] Un visage plus aigu, d'expression plus inquiète et irritable : traits tendus, regard fixe, nez pincé, léger rictus de nervosité[...] ».*

Aux paragraphes 16-18 (pp. 185-186), Ammien reconnaît cependant, dans « l'énumération de ses défauts », qu'il était « d'un naturel assez impulsif... », qu'« il parlait fort abondamment, et se taisait très rarement », ce qui lui valut dès la Gaule le sobriquet de *loquax talpa*...

> « Il était extrêmement adonné à la consultation des présages – au point de passer pour égaler sur ce point l'empereur Hadrien –, plutôt superstiteux qu'exactement fidèle à remplir ses obligations religieuses, immolant avec prodigalité des bestiaux sans nombre ; aussi pensait-on que, s'il revenait de chez les Parthes, les bœufs viendraient bientôt à manquer : il serait semblable en cela à Marc Aurèle, ce grand empereur contre qui la tradition nous transmet le brocard :
>
> « Les bœufs blancs à Marcus César : à toi, salut !
> Encore une victoire, et nous sommes perdus ».
>
> « Il prenait plaisir aux applaudissements de la foule, cherchait sans mesure à se faire louer même pour les moindres choses, et, par désir d'être populaire, recherchait souvent l'entretien de gens indignes d'un tel honneur. »

3) Mamertin, *Discours de remerciement à Julien (1er juin 362)*, Éd. Galletier (éd.), in *Panégyriques latins*, t. III, Paris, Les Belles Lettres, CUF, 1955, chap. VI, p. 21.

Le panégyriste qui fut comblé par Julien en trace ici un portrait pompier lors de sa chevauchée vers Sirmium en Illyrie, où l'on retrouve toutefois des éléments repérés ailleurs.

« Jeunes filles, jeunes gens, femmes, vieilles femmes tremblantes, vieillards chancelants regardaient interdits, pleins d'un respect craintif, l'empereur qui, sous le poids d'une lourde armure, brûlait les étapes d'une longue route ; sa respiration précipitée par la course, sans qu'il ressentît la lassitude, des ruisseaux de sueur coulant sur son cou vigoureux et, dans le hérissement de poussière qui couvrait sa barbe et sa chevelure, ses yeux étincelaient comme des astres. »

4) Libanios, *Or.*, I, cité par P. Petit, « Julien vu par Libanios », in *L'Empereur Julien. De l'histoire à la légende (331-1715)*, R. Braun et J. Richer (éd.), Paris, Les Belles Lettres, 1978, 129, p. 73, note 36 :

Julien connut indirectement Libanios à Nicomédie, vers 350, où il paya un étudiant pour prendre en notes les leçons auxquelles Hékébolios lui avait interdit d'assister. Il le retrouva à Antioche. Libanios raconte comment il donnait libre cours à son enthousiasme.

« [...] on le sentit prêt à bondir, ensuite, ne pouvant se maîtriser malgré ses violents efforts, il sauta de son siège et de ses deux mains, aussi largement que possible, il déploya sa chlamyde, si bien que l'un de nos goujats aurait trouvé qu'il manquait à sa dignité, mais, pour un bon connaisseur de ce qui fait la majesté d'un roi, il restait parfaitement dans la limite de la bienséance : quoi de plus royal en effet que de voir l'âme d'un roi exaltée par la beauté de l'éloquence ? »

Bibliographie sur Julien

Sources

Les écrits de Julien

L'EMPEREUR JULIEN, *Œuvres complètes,* Paris, Les Belles Lettres, C.U.F. :

– T. I, 1re partie, *Discours de Julien César (Éloge de l'empereur Constance ; Éloge de l'impératrice Eusébie ;* Constance ou *De la royauté ; Sur le départ de Salluste ; Au Sénat et au peuple d'Athènes)*, texte établi et traduit par J. Bidez, 1932.

– T. I, 2e partie, *Lettres*, texte établi et traduit par J. Bidez, 1924 ; 3e éd., 1972.

– T. II, 1re partie, *Discours de Julien Empereur (À Thémistius ; Contre Héracléios le Cynique ;* Cybèle ou *Sur la mère des dieux ; Contre les cyniques ignorants)*, texte établi et traduit par G. Rochefort, 1963.

– T. II, 2e partie, *Discours de Julien Empereur (Les Césars ; Sur Hélios-Roi ;* Le *Misopogon)*, texte établi et traduit par Chr. Lacombrade, 1964.

Contre les Galiléens, in *Contre Julien* de Cyril d'Alexandrie, P. Burguière et P. Évieux (éd.), *Sources chrétiennes*, n° 322, Paris, Le Cerf, 1985.

Quelques contemporains de Julien

LIBANIOS, *Discours* (I-X), J. Martin (éd.), 2 vol., Paris, Les Belles Lettres, C.U.F., 1979 et 1988.

AMMIEN MARCELLIN, *Histoires*, 5 t., Paris, Les Belles Lettres, C.U.F., 1968-1996.

GRÉGOIRE DE NAZIANZE, *Discours*, IV-V *(ou Contre Julien)*, Jean Bernardi (éd.), Sources chrétiennes, n° 309, Paris, Le Cerf, 1983.

ÉTUDES

BIDEZ J., *La Vie de l'empereur Julien*, Paris, Les Belles Lettres, 1930 ; 2e éd., 1965.

BOUFFARTIGUE Jean, *L'Empereur Julien et la culture de son temps*, Paris, Collection des études augustiniennes, série Antiquité, n° 133, 1992.

BOWERSOCK G. W., *Julian the Apostate*, Cambridge, Massachusetts, Harvard University Press, 1978 ; 5e éd., 1997.

BRAUN René et RICHER Jean (éd.), *L'Empereur Julien. De l'histoire à la légende (331-1715)*, Paris, Les Belles Lettres, 1978.

FESTUGIÈRE A. J., *Antioche païenne et chrétienne*, Paris, Bibliothèque des Écoles françaises d'Athènes et de Rome, 1959.

RICHER Jean (éd.), *L'Empereur Julien. De la légende au mythe (de Voltaire à nos jours)*, Paris, Les Belles Lettres, 1981.

ROMANS HISTORIQUES

VIDAL Gore, *Julian*, Londres, Abacus, 1964 ; rééd., 1997 ; trad. par J. Rosenthal, *Julien*, Paris, Julliard, 1987.

MEREJKOWSKI Dmitri, *Julien l'Apostat*, trad. du russe par Henri Mongault, Paris, Gallimard, 1957.

Table des matières

Introduction V

Julien empereur
Misopogon 1

Chronologie 82

Portraits de Julien 88

Bibliographie sur Julien 93

Ce volume,
le soixante-troisième
de la collection « Classiques en poche »,
publié aux Éditions Les Belles Lettres,
a été achevé d'imprimer
en avril 2010
sur les presses
de la Nouvelle Imprimerie Laballery
58500 Clamecy, France

Dépôt légal : avril 2010
N° d'édition : 7026 - N° d'impression : 004037

Imprimé en France